裸のジャニーズ

——誰も語らなかった
〝ジャニーズの真実〟——

山瀬　浩

太陽出版

プロローグ

2023年8月29日、ジャニー喜多川氏による性加害の認定、及び再発防止を主目的にした第三者特別チームから調査結果と提言が発表された。

これに対しジャニーズ事務所側が今後の取り組みや対応を表明する記者会見が行われたのが2023年9月7日木曜日。

そしてその当週、9月10日に生放送されたテレビ朝日系ニュース情報番組『サンデーLIVE!!』(日曜午前5時50分〜)には、そこにいるべきメインMC・東山紀之の姿はなかった——。

「番組には冒頭、サブキャスターのテレビ朝日・野上慎平アナウンサーが登場。『皆様もご存じの通り、東山さんはジャニーズ事務所の社長に就任されまして、番組降板の申し入れがありましたので、本日は私が務めさせていただきます。よろしくお願いします』とのアナウンスがされました。番組では改めてジャニーズ事務所の記者会見に触れることもなく、終了間際に野上アナが『いろいろありました

けど、本日もこの番組を選んでくださった視聴者の皆様、ありがとうございました』との挨拶で締められました」（人気放送作家）

ネットには「ヒガシ出てこい！」「ヒガシがいないのは寂しい」「ジャニーズ会見、完全スルー？　触れるべき番組なのに」などの声で溢れていたが、すでに東山は7日の会見で9月5日付でジャニーズ事務所の代表取締役社長に就任していること、年内にタレントを引退することを発表しており、さらに会見の質疑応答の中でも、

『（『サンデーLIVE!!』には）来週から出演しないことになりました。

平等性をちゃんと持たないといけないということで、こちらの会社の社長になるということで、急でしたが、（テレビ朝日には）了解をいただきました』

——と説明していたので、生放送が始まる前からわかっていたことだった。

ちなみに東山は前週（9月3日）の放送で、

『8月29日に再発防止特別チームにより発表されました厳しい指摘と改革案を含む調査結果を重く受け止め、9月7日に会見を開き、今後の取り組みに関して事務所がご説明することになっています。

その会見を前に、今日の段階では私としてはこれ以上のコメントは控えさせていただきますことをご理解いただければと思っています』

——と、自分の立場については明らかにしていた。

しかし、しかしだ。

それでも9月10日の生放送には出演し、改めて自分の言葉で視聴者に伝えるべきではなかったか。

「会見での東山は誰よりも厳しい口調で『(ジャニーさんは)誰も幸せにしなかった』『人類史上、最も愚かな事件』『やっていることは鬼畜の所業』——などと言い放ちましたが、だからといってすべてがチャラになるわけではないし、これまで番組を応援してくれた視聴者に向き合った説明は必要だったのではないでしょうか」(同人気放送作家)

この東山に限らず、故ジャニー喜多川氏から薫陶を受けた世代のタレントたちは、概ね〝記者会見で事務所の責任は果たした〟態度が見て取れる。

【城島茂　9月9日・テレビ朝日系『週刊ニュースリーダー』内でのコメント(要約)】

『私自身複雑な思いで見つめております。

賛否両論あると思います。ただ私としましても、今後どうあるべきかという部分を含めて頑張っていくしかないと思っております。

（入所当時の性加害については）当初は情報が入ることなく過ごしていましたが、出版物などで噂については知っていました。

それでも現場でクリエイティブなプロデュースをしたり演出をしているジャニー氏と、性加害の人物という闇の部分がイコールすることが当時十代の自分には結びつきませんでした。

〝こんな負の遺産を遺してどうしてくれるんだ〟という思いが正直あります。

会見の内容について腑に落ちない方、意見はたくさんあると思うんですが、新社長を支えながらファンの皆様の信頼を取り戻すべく頑張っていきたいと思っております』

【櫻井翔　9月7日・日本テレビ系『news zero』内にVTR出演（※レギュラー出演日とは異なるため 有働由美子キャスターによるインタビュー）（要約）】

『ここジャニーズ事務所で、自分のできることを精一杯尽くしていきたいと改めて感じています。

傷ついているファン、応援することにちょっとためらいが生まれてしまっていると思いますし、それはやりきれない気持ち。

ファンの皆さんにまっすぐ応援していただけるように、自分が後輩たち、ファンの人にできることを精一杯、ここジャニーズでやっていきたい。笑顔になってもらい、（僕らの）背中を見てもらいたい。（記者会見に）登壇された皆さんの言葉からジャニー元社長との精神的な決別というか、今までの価値観を完全に否定して、まったく違う組織になっていくんだという強い決意を感じました。これがスタートになる覚悟も同時に感じています。

性加害の実態というところに関しては、把握しきれていないというのが正直なところ。

お二方（東山紀之・井ノ原快彦）も口にしていましたけど、噂という点では耳にしたことはありました。正直半信半疑というか、〝そんなことあるのかな？〟という印象を抱いた記憶です。

この数ヵ月間、ともに時間を過ごした仲間たちを含む何名か、元ジュニアを含む何名かに話を聞いてきました。

その中で〝聞いたことがなかった〟という人がいたのも事実です。当時は子どもだったので、耳にしたけどそれの意味することを理解できなかったという子もいたかもしれない。

会見の中で〝閉鎖的〟という表現がありましたけど、ジャニーズJr.が活動するにあたり、相談できる大人がいるだとか、その活動を見張るような立場の大人がいるとか、適切に向き合っていくような環境も作らなくてはならないなと思っています』

【中丸雄一　9月10日・日本テレビ系情報番組『シューイチ』（要約）】

『ジャニーズ事務所の名称を変更しない決定は、客観的に見ると明らかに変えていくのが妥当な道だと思うんですけれども、あえてジャニーズ事務所は〝茨の道を選んだ〟のではないかと。現時点では、ですけれども。茨の道を選んだと受け取っています。

この質問（性加害の有無）に関しては、僕も含めて他のジャニーズタレントの人も〝そうなのかな？〟とは思っているんですけど、やっぱり冷静ではいられなくて。

僕はジャニーズ事務所へ入ったのが中学3年生。

そのときってジャニーズ事務所イコール先輩方がめちゃくちゃに輝いていて、多くの人の心に活力を与えている、めちゃくちゃ良い組織だと認識して、それに憧れて人生を賭けて、リスクを背負ってトライしたわけです。という者からすると、もうアイデンティティになっちゃっているんですよ。

だからこの件に関しては、その反面、冷静に考えたらそうではないと。

なのでちょっと、そうですね、〝コメントを控えたい〟というのが正直なところですね』

一方、直接的に故ジャニー喜多川氏と接点が少ない一世代下のメンバーはもう少し踏み込んでくれている。

【福本大晴（関西ジャニーズJr.／Aぇ!group）読売テレビ『あさパラS』（※再発防止特別チームの調査報告書及び提言を受け）（要約）】

『僕の言葉で正直に話したいと思うんですけど、事務所が被害者の方とこれから真摯に向き合っていく中で、外部の専門家による特別チームはジュリーさんの辞任を提言している。

一方で被害者の方たちはジュリーさんには辞任せずに向き合って欲しいという意見もある。

事務所としては多方面からの意見に耳を傾けて結論を出さないといけない。

イエスかノーかの簡単な話じゃなくて、繊細な問題なのでしっかり耳を傾けて結論を出して説明責任を果たして欲しいと思います。

今後ジュリーさんが辞任するしないかに関わらず、被害者の方とは生涯向き合って欲しいと思います。

辞任したとしても逃げる辞任でなく、向き合う辞任であって欲しい。

個人的な話になるんですけど、ジャニーズ事務所に所属する現役タレントとしては、たくさんの方に心配していただいてる状況にあると思うんです。

僕、現体制のAぇ! group組んで活動の幅も広がってきて、現体制のジュリーさんと井ノ原社長が向き合ってくださっているんですけど、本当に僕らが心配してることを聞いてくださって、僕らが納得いくまで個人的に話をしてくださったりとか、電話したりとかしてもすぐに対応してもらえている。

皆さんが心配してくださってるような(性被害の)心配は、僕らはしてもらわなくても大丈夫です。僕は大丈夫ですし、今後も僕自身ジャニーズ事務所に所属しながら、皆さんに喜んでもらえるようなエンタメを届けたいなと思っています』

他にも多くの所属タレントたちが声を上げる中、何よりも将来的なジャニーズ事務所の対応が注目される――。

ジャニーズ年表

1952年

米・ロサンゼルス出身の日系人、ジャニー喜多川氏が来日。米大使館で通訳として勤務する傍ら、少年たちを集めて野球チーム「ジャニーズ」を結成。その後、野球チームから選抜されたメンバーで、事務所初のグループ「**ジャニーズ**」結成。

1962年

「ジャニーズ事務所」創業（※渡辺プロダクション系列会社として創業）。

1964年

12月　**ジャニーズ**デビュー（『若い涙』）。

ジャニーズ事務所と『新芸能学院』(芸能学校)との間で、授業料の支払いと、ジャニー喜多川氏による生徒へのわいせつ行為を巡って裁判となる。ジャニー喜多川氏による性的虐待が問題視されたが、東京地裁は「証拠がない」として性加害を認定せず。

1966年

8月 ジャニーズ本格的なダンスレッスンのため渡米。

1967年

12月 ジャニーズ解散。

1968年

9月 **フォーリーブス**デビュー(『オリビアの調べ』)。1970年にブロマイド売上男性歌手部門1位となり、トップアイドルグループとなる。

1972年

8月　**郷ひろみ**デビュー（『男の子女の子』）。第14回『日本レコード大賞・新人賞』受賞。1973年にブロマイド年間売上実績1位となり、西城秀樹・野口五郎とともに〝新御三家〟と呼ばれ、トップアイドルとなる。

1975年

1月　ジャニーズ事務所、株式会社として設立。

4月　郷ひろみ、ジャニーズ事務所を退所。

1977年

7月　**川﨑麻世**デビュー（『ラブ・ショック』）

1978年

8月　フォーリーブス解散。

1979年

10月　ドラマ『3年B組金八先生』（TBS系）に生徒役で出演した田原俊彦・近藤真彦・

野村義男が〝**たのきんトリオ**〟として注目を集める。

1980年

6月 **田原俊彦**デビュー（『哀愁でいと』）。第22回『日本レコード大賞・最優秀新人賞』受賞。1982年にブロマイド年間売上男性部門1位となる。

12月 **近藤真彦**デビュー（『スニーカーぶる〜す』）。1981年、1983年にブロマイド年間売上1位となる。

1981年

12月 近藤真彦、第23回『日本レコード大賞・最優秀新人賞』受賞。

1982年

5月 **シブがき隊**デビュー（『NAI・NAI 16』）。第24回『日本レコード大賞・最優秀新人賞』受賞。同期の女性アイドルには〝花の82年組〟と呼ばれる、小泉今日子・中森明菜・早見優・松本伊代・堀ちえみ・石川秀美などがいる。

1983年

野村義男、バンドグループ『THE GOOD-BYE』を結成。9月、『気まぐれONE WAY BOY』でデビュー。第25回『日本レコード大賞・最優秀新人賞』受賞。

1985年

12月 **少年隊**デビュー（『仮面舞踏会』）。1987年、ブロマイド年間売上成績1位となる。

1987年

8月 **光GENJI**デビュー（『STAR LIGHT』）。ローラースケートを履いて歌って踊るパフォーマンスで人気となり、爆発的ヒットを記録するなど社会現象となる。

12月 近藤真彦、『愚か者』で第29回『日本レコード大賞・大賞』受賞。

1988年

8月 **男闘呼組**デビュー（『DAYBREAK』）。第30回『日本レコード大賞・最優秀新人賞』受賞。

11月　シブがき隊、代々木第一体育館コンサートをもって解散。

12月　光GENJI、『パラダイス銀河』で第30回『日本レコード大賞・大賞』受賞。同年のオリコン年間シングル売上1位〜3位を独占。

1990年

8月　**忍者**デビュー(『お祭り忍者』)。第32回『日本レコード大賞・最優秀新人賞』受賞。

1991年

1月　田原俊彦、個人事務所『DOUBLE〝T〟PROJECT』設立し、ジャニーズ事務所と並行して所属。

9月　**SMAP**デビュー(『Can't Stop!! -LOVING-』)。

1993年

6月　男闘呼組のメンバー高橋和也がジャニーズ事務所解雇に伴い、急遽活動休止(実質的な解散)。

1994年

3月 田原俊彦、ジャニーズ事務所から完全独立。

8月 光GENJI、大沢樹生・佐藤寛之が脱退（ジャニーズ事務所も退所）、グループ名を『光GENJI SUPER 5』に変更。

9月 **TOKIO**デビュー（『LOVE YOU ONLY』）。

1995年

9月 光GENJI解散（メンバー全員卒業）。

11月 TOKIO『ザ！鉄腕！DASH!!』（日本テレビ系）スタート。

11月 **V6**デビュー（『MUSIC FOR THE PEOPLE』）。

1996年

4月 『SMAP×SMAP』（フジテレビ系）スタート。

5月　森且行、オートレース選手への転身に伴い、SMAP脱退（ジャニーズ事務所退所）。

1997年

7月　**KinKi Kids**デビュー。シングル『硝子の少年』、アルバム『A album』同時発売し、ともにミリオンセール記録。

11月　忍者、グループ活動休止（事実上の解散）。

1999年

9月　嵐、ハワイ・ホノルル沖のクルーズ客船でデビュー記者会見。

11月　**嵐**デビュー（『A・RA・SHI』）。

この年、週刊文春がジャニーズ事務所に関する特集記事『ホモセクハラ追求キャンペーン』を掲載。ジャニー喜多川氏の所属タレントに対する性加害行為を報道。この報道記事は衆議院の特別委員会でも取り上げられる。ジャニーズ事務所は週刊文春に対して名誉棄損による損害賠償を要求する民事訴訟を起こす。

2000年

4月　『ザ少年倶楽部』（NHK）スタート。

2002年

5月　**Ya-Ya-yah**デビュー（『勇気100％／世界がひとつになるまで』）。

9月　**タッキー&翼**デビュー（ミニアルバム『Hatachi』）。

2003年

3月　SMAP35枚目のシングル『世界に一つだけの花』リリース。平成初の〝トリプルミリオン〟ヒットを記録。

7月　週刊文春との民事訴訟の東京高裁での二審判決により、裁判所はジャニー喜多川氏の所属タレントへの性的虐待を認定。

11月　**NEWS**デビュー（『NEWSニッポン』）。

2004年

2月 週刊文春との民事訴訟を巡る二審の損害賠償額を不服としてジャニーズ事務所は最高裁に上告したが棄却。最終的に二審の判決が確定。

8月 **関ジャニ∞**デビュー（関西地区限定シングル『浪花いろは節』）。9月、全国発売。

2006年

3月 **KAT-TUN**デビュー（シングル『Real Face』、アルバム『Best of KAT-TUN』、DVD『Real Face Film』の3作同時リリース）。

2007年

11月 **Hey! Say! JUMP**デビュー（『Ultra Music Power』）。

2009年

7月 **中山優馬w／B.I.Shadow**デビュー（『悪魔な恋』）。

2010年

4月　**NYC**デビュー（『勇気100%』）。

2011年

8月　**Kis-My-Ft2**デビュー（『EveryBody Go』）。

11月　**Sexy Zone**デビュー（『Sexy Zone』）。

2012年

2月　**A.B.C-Z**デビュー（DVDシングル『Za ABC～5stars～』。

2014年

4月　**ジャニーズWEST**デビュー（『ええじゃないか』）。

2016年

3月　KAT-TUNから田口淳之介脱退（ジャニーズ事務所退所）、メンバー3人での活動となる。

8月　SMAP解散発表。

12月　『SMAP×SMAP』終了。SMAP解散。

2017年

9月　タッキー&翼、グループ活動休止。

2018年

4月　TOKIOメンバー山口達也、強制わいせつ容疑で書類送検。5月、山口達也がTOKIO脱退(ジャニーズ事務所退所)。

5月　**King&Prince**デビュー(『シンデレラガール』)。

9月　タッキー&翼、解散。滝沢秀明、年内いっぱいで芸能活動引退。今井翼、ジャニーズ事務所退所。

2019年

1月　嵐、2020年12月31日をもって無期限活動休止を発表。

7月　創業者ジャニー喜多川氏、死去。

7月　週刊文春にて「本誌しか書けない稀代のプロデューサーの光と影 ジャニー喜多川審美眼と『性的虐待』」と題する記事が掲載。元ジャニーズの新たな証言を報じる。

9月　藤島ジュリー景子氏が新社長、滝沢秀明氏が副社長に就任。

9月　関ジャニ∞から錦戸亮が脱退し(ジャニーズ事務所退所)、メンバー5人での活動となる。

2020年

1月　**Snow Man**、**SixTONES**、2組同時デビュー(『Imitation Rain／D.D.』)。

6月　NEWS、手越祐也が脱退し、3人での活動となる。

12月　嵐、無期限活動休止。

少年隊、同年いっぱいでメンバーの錦織一清・植草克秀がジャニーズ事務所退所し、事実上の解散。所属グループとして『少年隊』の名前は存続。

2021年

3月　長瀬智也、TOKIO脱退(ジャニーズ事務所退所)。残り3名のメンバーは『株式会社TOKIO』を設立して移籍。

4月　近藤真彦、ジャニーズ事務所退所。

4月　Hey! Say! JUMPから岡本圭人脱退(ジャニーズ事務所には在籍)。メンバー8人での活動となる。

11月　V6解散。森田剛、ジャニーズ事務所退所。

11月　**なにわ男子**デビュー（『初心LOVE』）。

2022年

10月　**Travis Japan**デビュー（『JUST DANCE!』）。

10月　滝沢秀明、ジャニーズ事務所退所、ジャニーズアイランド社長退任。後任の社長は井ノ原快彦が就任。

11月　Sexy Zoneからマリウス葉脱退（ジャニーズ事務所退所）。メンバー4人での活動となる。

2023年

3月　滝沢秀明、新会社『TOBE』設立。

3月　イギリスBBCにて、ジャニー喜多川氏による所属タレントに対する性的虐待問題に迫った特集番組『J-POPの捕食者 秘められたスキャンダル』放送。

3月　週刊文春にて、新たな元ジャニーズJr.へのジャニー喜多川氏による性被害を報じる。

4月　元ジャニーズJr.カウアン・オカモト氏が日本外国特派員協会で記者会見を行い、性的虐待被害を証言。

5月　ジャニーズ事務所公式HPにて、ジャニー喜多川氏の性加害問題について公式動画を配信。

5月　NHK「クローズアップ現代」にて、特集『〝誰も助けてくれなかった〟告白・ジャニーズと性加害問題』放送。

5月　三宅健、ジャニーズ事務所退所。同年7月、滝沢秀明『TOBE』に所属。

5月　King & Princeから平野紫耀・神宮寺勇太・岸優太脱退(ジャニーズ事務所退所)。メンバー2人での活動となる。その後、平野と神宮司は『TOBE』に所属。

6月　元ジャニーズJr.の2名が発起人となり、「ジャニーズ性加害問題当事者の会」創設。

7月　国連人権理事会の専門家による被害者の元タレントへの聞き取り調査が行われる。

8月　国連人権理事会「ビジネスと人権」作業部会メンバーが会見を行い、「ジャニーズ事務所の疑惑が明らかになった」とし、「日本のメディア企業が数十年にもわたり、この不祥事のもみ消しに加担したと伝えられている」とした。

8月　ジャニーズ事務所が設置した外部専門家による再発防止のための特別チームが会見を開く。「ジャニーズ事務所では1970年代前半から2010年半ばまで、デビュー前の多数の10代を中心とする少年たちに、長期間にわたり、広範に性加害を繰り返していた事実が認められた」と報告。

8月　Kis-My-Ft2から北山宏光脱退（ジャニーズ事務所退所）。メンバー6人となる。

9月　北山宏光、『TOBE』に合流。

9月　ジャニーズ事務所が特別チームの報告・提言を受けて記者会見を行う。
藤島ジュリー景子社長は、創業者ジャニー喜多川氏の一連の性加害について、会社としても個人としても認め、謝罪。社長を引責辞任し、後任社長に東山紀之が就任。副社長の白波瀬傑氏も引責辞任。

9月　ジャニーズ事務所、「被害者救済委員会」を設置。

10月　ジャニーズ事務所新体制を公表。

目次

第2章＊メリー喜多川の恐怖政治 55

第3章＊対立と蜜月 77

第4章＊ジャニーズJr.黄金期

第1章

始まり

〝合宿所〟の始まり

2023年9月13日、ジャニーズ事務所は故ジャニー喜多川氏による性加害問題を受け、公式サイトを通じて被害補償及び再発防止策について第一弾の発表を行った。

この発表で同社は「弊社は本年9月7日の記者会見でもご説明しましたとおり、故ジャニー喜多川による長期間に亘る性加害があったと認識しており、被害者の皆様に心よりお詫びを申し上げます。弊社は再発防止特別チームからの提言に従い、被害者救済委員会を設置するとともに補償受付窓口を開設いたします。この被害者救済委員会の判断に従い被害者に対する金銭補償を行います。また、弊社は被害者の方々との対話を進める所存です。知見と経験を有する外部専門家からなる被害者救済委員会を設置し、被害者の皆様に公平かつ適正な金銭補償を実施するため、被害者救済委員会に、被害者の皆様からの申告内容を検討して補償金額を判断することを一任いたします」とした。

同委員会は受け付けた申告内容や資料を検討するほか、被害を申告された人から直接話を聞いて補償金額を判断するという。同委員会により査定された補償金額の支払いについては、被害申告者の所属時期や被害の時期を理由に「補償を拒むことはいたしません」とし、ジャニーズ事務所との関係のない元裁判官の経歴を持つ弁護士3人によって同委員会を組成。その運営と判断にはジャニーズ事務所からの指示や意向は含まれず、独立性を維持した形で行われるそうだ。

また再発防止策として「弊社は新社長東山紀之の下、再発防止特別チームから提言された再発防止策を速やか且つ確実に実施して参る所存です」と表明。9月7日の記者会見にもあったように、外部から招聘したチーフコンプライアンスオフィサー（CCO）を設置して人権に対する基本方針の策定と実施、その内容を含めた社内規程整備などを行うという。

そもそもこの問題が大きく取り上げられる端緒の一つでもある元ジャニーズJr.は、故ジャニー喜多川氏との〝行為〟を収めた証拠映像があると公表しているが、現在までのところ、その映像はどこにも提出されておらず、故ジャニー喜多川氏の〝住居マンション〟を撮影しているに過ぎない。

「すべてはジャニーさんの行為が〝合宿所〟と呼ばれる密室で行われたことが原因ですね」（人気放送作家）

9月7日の記者会見に出席し、登壇者に質問を浴びせた記者やリポーターの大半は、故ジャニー喜多川氏と故メリー喜多川氏はもちろんのこと、副社長を退任した白波瀬傑氏らと直接話したことがないのではないか?……そう感じてしまうほど、核心については詳しくない（※あくまでも私から見れば、だ）。

まずジャニーズ事務所は確かに1962年から業務を始めているが、初代所属タレントのジャニーズはもちろんのこと、フォーリーブス、郷ひろみ、豊川誕らがレコードデビューしたときは渡辺プロダクション（現ワタナベエンターテインメント）の系列事務所に過ぎず、特に故メリー喜多川氏の経営手法、経営手腕は、渡辺プロから学んだもの。

後述する故メリー喜多川氏のエピソードで詳しくお話ししているが、テレビ局側や広告代理店側への圧力やプレッシャーは渡辺プロ譲り。正直なところ、ジャニーズ事務所よりも強引な出演交渉をする大手プロダクションは一つや二つではない。

そして〝合宿所〟の始まりについてはこんな意見もある。

「これは僕の意見ですが、系列である以上、わかりやすく言えば〝上納金〟のようなものを納める必要もあったはず。系列事務所当時は、メリーさんもジャニーさんも決して裕福な生活ではなかったでしょう。現にメリーさんは芸能だけでは食えずに四谷三丁目でバーを経営していたし、ジャニーさんはそのバーの2階に間借りしていた。そんな状況の中、大阪でスカウトしたフォーリーブスの北公次、福岡から上京してきた郷ひろみ、同じく大阪でスカウトした豊川誕を〝とりあえず〟同居させていたのが合宿所の始まりです」（同人気放送作家）

そう、合宿所とは所属タレントやファン側の〝意識〟の問題で、実際には単に〝故ジャニー喜多川氏の自宅〟なのである。

「基本、ジャニーズJr.には〝一般常識を身につけさせる〟目的で、パニックを起こしそうなごく一部の超人気メンバーを除き、公共交通機関による自宅からの通勤通学を義務付けていました。それでも地方出身者や早朝深夜に集合、解散するような個人仕事に就いているJr.を〝自宅に泊めて面倒をみる〟のも経費節約の一つです」（同前）

1975年に渡辺プロ系列を離れ、姉弟二人三脚で歩み出したジャニーズ事務所。独立とともに六本木4丁目の雑居ビルの一室で業務をスタートさせ、大阪のローカル番組で人気だった川﨑麻世を1977年にデビューさせたあたりから、合宿所の様子にも変化が現れる。

「ジャニーズの合宿所といえば1980年代は原宿のコープオリンピア、1990年代は六本木一丁目のアークヒルズが有名ですが、この川﨑麻世や後にデビューする田原俊彦がジャニーズ事務所入りした頃は、ジャニーさんの自宅（合宿所）は六本木・飯倉片町交差点そばの麻布台にありました。その後、先に名前の挙がった原宿駅前のコープオリンピアに移り、通いの家政婦さんが寮母を務める本格的な合宿所になっていった。ここでは田原俊彦から近藤真彦、少年隊、光ＧＥＮＪＩ、男闘呼組、ＳＭＡＰ、ＴＯＫＩＯあたりのメンバーまでが、入れ替わり立ち替わりで暮らしていました」（同前）

性加害の主な舞台はこの原宿の合宿所と六本木一丁目・アークヒルズになるのだが、特にアークヒルズはワンフロア貸し切りで入居していたので、関西ジャニーズJr.（ほぼ関ジャニ∞世代まで）が宿泊する部屋や小・中学生Jr.がテレビゲームを楽しむ部屋、シアタールームなど用途に応じた部屋が完備されていたと聞いている。またその気になれば徒歩15分程度で通える場所のスタジオビルを購入。24時間、いつでも本格的なレッスン、リハーサルが行える環境を整えていった。しかしこうした〝裕福さ〟ゆえに、性加害が助長されていったのは間違いない。

さらに合宿所は六本木ヒルズ・レジデンス棟やジャニー喜多川氏が亡くなった日赤病院近くの老舗マンション群にも用意される。そして同時期にジャニー氏自身は、自宅住居を青山の超高級タワーマンション（※青山パークタワー）に移す。

「青山のマンションにはいわゆる〝スペオキ〟しか出入りできなかったはずですし、それもすでにＣＤデビューしていた堂本剛、滝沢秀明、中山優馬らに限られていたと聞いています。当時、

1931年生まれの故ジャニーさんは70才を越えていたので、この頃からは性加害のペースも落ちていた。またあまりにも合宿所の場所や集まるジャニーズJr.の数が増えて目が届かなくなったため、合宿所のシステム自体は2010年代には終わりを迎え、一部が自由に使える宿泊施設に転用されたのです」(同前)

始まりは地方出身のメンバーのため、彼らに〝帰れる場所〟を作るために自宅スペースを提供する〝純な気持ち〟だったものが、皮肉にもジャニーズ事務所の発展、繁栄こそが故ジャニー喜多川氏の〝箍《たが》〟を外してしまったのだ。

「裕福になって自分の男色趣味を満足させていたわけですから、どんな言い訳も通じないし、単なる金持ちのエロ親父に過ぎません」(同前)

私の記憶する限り、1980年代の初めには「どうもジャニーさんがタレントに手を出しているらしい」との噂を耳にしていたと思う。

その〝噂〟が確信に変わるのは、プライベートで元人気Jr.と飲み友だちになったことだが、もう一人、ジャニーズ事務所を創成期から支えたスタッフの言動が大きく関わっている。

それが〝オネエ言葉〟を自在に操る名物広報氏の存在だった――。

〝謎の広報担当Cさん〟の登場で広まった「噂」

ジャニーズ事務所が渡辺プロの系列から独立したのは1975年。

同時に今やネットでも話題の白波瀬傑・前ジャニーズ事務所副社長は、渡辺プロの社員からジャニーズ事務所の社員へと転籍する。そして郷ひろみや田原俊彦のマネージャーを経て、1980年代初めから半ばにかけて、ジャニーズ事務所の窓口〝広報〟の仕事を担うようになっていく。

「その頃には郷ひろみは移籍、事務所の中心は〝たのきんトリオ〟になっていましたが、たのきんの活躍やバックダンサーのJOHNNYS'ジュニア・スペシャル、ジャPAニーズの露出で入所希望者も増え、後のシブがき隊、少年隊らのメンバーがオーディションやスカウトで所属していました。すでに売れっ子男性アイドルの半数はジャニーズ事務所のタレントで占められていましたが、その規模の割にはマネージャーなどの事務所スタッフを少数精鋭で回していた。そんなとき、イメージとしては〝突然現れた〟のが、広報担当として現場のすべてを仕切る白波瀬さん。あまりにもいきなりだっ

たので、大変驚かされたのを覚えています」（ベテラン放送作家）

このベテラン放送作家氏が証言してくれたように、当時のテレビ局関係者、ラジオ局関係者は〝故メリー喜多川氏の右腕〟かつ〝現場のボス〟然とした白波瀬氏の言動に誰もが驚かされたと明かす。

そこには一つ決定的な理由がある。

それは白波瀬氏が〝オネエ言葉〟を自在に操っていたからだ。

「今でこそオネエ言葉は違和感なく受け入れられていますが、1980年代の初め、昭和50年代半ばの日本社会では完全なマイノリティでした。もちろん田原俊彦の番組を担当していたスタッフはマネージャー時代の白波瀬さんと交流がありましたが、我々にとっては突然現れた〝謎の広報担当〟の色がますます濃くなるばかりだったのです」（同ベテラン放送作家）

さらに故メリー喜多川氏以下のジャニーズ事務所スタッフが白波瀬氏を「C（しー）さん」と〝女性呼び〟していたことも、単なるニックネームとはいえ、名物広報の存在感を際立たせるものになっていった。

「Cさんが本当に〝ゲイ〟だったのかどうかは関係なく、Cさんの存在が知れ渡れば渡るほど、周囲の印象は〝（やっぱりジャニーさんもそうなのか？）〟の方向に傾いていきました」（同前）

実は1980年代も半ばになると、ジャニーズJr.のメンバーの中からこぼれ落ちる者が出始めてくる。ファンの間で〝辞めジュニ〟と呼ばれる元ジャニーズJr.を連想してもらえばいい。

その辞めジュニたちはジャニーズ事務所を辞めたからといってスターになる夢まで諦めたわけではなく、他の芸能プロダクションのオーディションを受けたりもしている。

そこでは必ずといっていいほどジャニーズ事務所を辞めた理由も聞かれるが、そこで「ジャニーさんに襲われかけたから」「ジャニーさんと〝行為〟をしないとバックダンサーにもなれないから」と答える者がチラホラと現れ、テレビ界には「ジャニーさんは男色家らしい」の噂が広まっていったのだ。

あえて「噂」としたのは、それが密室での行為であり、直接目撃したと話す第三者が現れなかったからだが、その「噂」が奇しくもCさんのオネエ言葉で信憑性を持ち始めたのだ。

「これは故ジャニーさんにもCさんにも失礼な話かとは思いますが、あまりにも少数精鋭で回していたジャニーズ事務所だけに、〝ジャニーさんとCさんが同じ趣味だから（経営トップの）メリーさんに重用された〟と、みんな信じ込んでいました」（同前）

もしこの時代に誰かが「ジャニーさんとCさんってゲイなんですか？」と故メリー喜多川氏にツッコむ人間がいたら、その後の性加害は起こらずにいたのだろうか……？

Cさんが守っていたルール

ある意味では〝物腰の柔かい〟オネエ言葉のCさんがなぜ〝怖がられていた〟のか？

それはCさんのみならず故メリー喜多川氏、新しい地図（※CULEN）・飯島三智氏など、ジャニーズで強権派と語られている幹部社員たちが、テレビ局やラジオ局の担当者（※番組担当者）、紙媒体のジャニーズ担当者の携帯電話に、直接電話をかけてくるからだ。

「普通は会社のデスクにかかってきますよね？　しかも芸能プロダクションはだいたいが朝11時始業ですから、午後イチぐらいの時間帯に。ところがCさんは24時間、思い立ったときにかけてくる。それはあそこ（ジャニーズ事務所）の幹部の皆さん、同じです。基本的に最初は表立ってのクレームというよりも、たとえば雑誌やスポーツ紙ならば『どんな理由や意図でこの記事を書いたのか？』などの説明を求められます。そしてこちらの返答次第で、ジャニーズ側の要望を伝えてくる。要望とは記事の削除や訂正文の掲載ですが、中にはレアケースとはいえ、こちらの説明に納得すれば『これからもよろしく』と言って引き下がることもあり、強権一辺倒ではありません。たとえばコワモテで有名な

Bプロの社長などは、舐められる相手に対してはほんの些細なミスにも『沈めるぞ!』と怒鳴りつけてきましたし、私が新人の頃、年間チャートを発表した某演歌番組の生放送が終わった直後、『何でウチのH・Tが2位でO・Eが1位なんだ?』とスタッフルームに電話をかけてきたこともある。昭和の芸能界では、芸能プロダクションと制作サイドがやり合うのが日常の光景でしたね」(定年退職した日本テレビ局員)

しかしそれは令和の現代には通用しない。

「かつてCさんが自分の中で守っていたルールは、対競合プロダクションやタレントに対する強権やクレームではなく、同じジャニーズ事務所の中で〝タレント同士を競わせない〟ことでした。同じ媒体には同時に露出させない、1組しか露出させないことで、たとえばテレビや映画、舞台制作発表などの日程でさえも、Cさんのルールによる〝都合〟でコントロールされていました。メディアも主催者もそれに従い、他の事務所はジャニーズが主演の場合は従うしかありませんでした」(同元日本テレビ局員)

実はCさん、今から6〜7年前に一度ジャニーズ事務所を退所している。表向きは当時65才とか70才(※正確な年齢は不詳)の〝定年〟とされているが、実際には同じ時間帯の裏番組にジャニーズのタレント同士がバンバンと出演するようになり、それが藤島ジュリー景子副社長(当時)の方針と知り、自分のやり方では通用しないことを思い知らされたからだという。しかしジャニー喜多川氏の逝去で肩を落とす故メリー喜多川氏に乞われ、副社長として復帰していたのだ（※2023年9月5日付退任）。

「記者会見で東山紀之新社長が『白波瀬さんは前の世代』『時代とともに進化していかなければ』と発言していたところを見ても、Cさんが現場に復帰することは二度とないでしょうね。腹心として説明責任を果たさずに姿を消してしまいましたが、今、性被害に遭って夢破れた少年たちへ何らかの感情はないのか？……は気になります」（同前）

そう。一番肝心なのは、Cさんにしか知り得なかった故ジャニー喜多川氏の秘密、故メリー喜多川氏の秘密が〝必ずある〟ことなのだ。

「仮にオネエ言葉を隠さないCさんが、故ジャニー喜多川氏と同じ〝趣味〟を持っていたとします。あくまでも〝仮〟の話ですよ？　そうなると故ジャニー喜多川氏がジャニーズJr.への性加害をCさんに告白していないほうが不自然ですし、場合によってはジャニーさんに性加害に〝誘われた〟経験がないとも限らない。Cさんは年齢的にもキャリア的にもジャニーズ事務所内でNo．3の実力者だった時代も長く、立場の弱いジャニーズJr.が反抗できなかったとしてもおかしくはありませんから」（同前）

今となっては真相は藪の中だが、いつかCさん自らがカメラの前に立ち、すべてを語る日が来るのだろうか――。

ジャニー喜多川の〝喜多（北）〟を芸名に授けられた秘蔵っ子

ジャニーズ事務所のタレントは基本的には〝本名〟で活動する。

〝櫻井翔〟のようにデビュー当時は新字体の〝桜井翔〟で活動していたものを本名に戻すケース、あるいはジャニーズJr.入りした当初に使っていた本名の〝渋谷昴〟を〝渋谷すばる〟と読みやすくして活動していたケース、中には心機一転を図るために〝加藤成亮〟を〝加藤シゲアキ〟と改名したケース（※佐藤敦啓も佐藤アツヒロに改名）、ジャニーズ入りする以前は芸名で活動していた者がジャニーズ入りと同時に本名を使うケース（堂本直宏→堂本剛、指田秀明→滝沢秀明）、本名の漢字が読み難いゆえに芸名を与えられるケース（本名・横山侯隆→芸名・横山裕）など様々だが、過去にたった一人、故ジャニー喜多川氏が自身の本名にちなんで芸名を授けたタレントがいる。

それが本名・松下公次、ジャニー喜多川の〝喜多〟を〝北〟にあてて名付けられたフォーリーブスのリーダー、芸名・北公次（２０１２年2月22日没・享年63才）その人である。

「北公次は独特の〝陰〟を持つメンバーで、他のメンバー、特におりも政夫と江木俊夫が典型的な〝陽キャ〟だったので、余計に際立っていました。また他の3人のメンバーがター坊（青山孝史）、マー坊（おりも政夫）、トシ坊（江木俊夫）と子どもっぽいニックネームだったのに、北だけ〝コーちゃん〟だったのも印象深かったですね」（ベテラン放送作家）

北は和歌山県田辺市出身で恵まれた運動神経の持ち主だったが、複雑な家庭環境のお陰で中学卒業と同時に集団就職で名古屋に。やがて大阪で働いていた実兄を頼って移り住み、職を転々とする中でジャニーズの存在を知る。

「テレビに映るジャニーズよりも身体能力の高さに自信があった北は、スターになるきっかけを求めて繁華街のジャズ喫茶に入り浸っていたそうです。やがて当時人気だったアイドルグループ・スリーファンキーズのバックバンド、ワゴンスターズのボーヤに採用され、1964年12月に上京。翌1965年正月の日劇ウエスタンカーニバルで故ジャニー氏に見初められ、『ジャニーズに会わせてあげるよ』の口説き文句でジャニーズの付き人になることを快諾したそうです」（同ベテラン放送作家）

今からおよそ60年前の1965年当時から、故ジャニー喜多川氏の口説き文句は変わらない。

「北はその日からジャニーさんの自宅兼合宿所で住み込みを始め、翌1966年10月にジャニーズのバックダンスグループ、後のフォーリーブスを結成します。1967年4月に〝北公次〟という芸名を授かると、1968年9月5日にCBSソニーレコードからフォーリーブスのメンバーとしてレコードデビューを果たす。この一連の流れは、それから50年以上もジャニーズ事務所のタレント育成方針のベースになっています」（同前）

言い換えれば、北公次こそが「ジャニーズJr.がデビューするまでのモデルケース」を作り上げたのだが、その北公次の存在こそが、故ジャニー喜多川氏によるジャニーズJr.に対する性加害、並びにジャニーズJr.の性被害を世に知らしめるきっかけにもなったのだ。

・『光GENJIへ　元フォーリーブス北公次の禁断の半生記』（1988年11月・データハウス）
・『光GENJIへ　再び』（1989年2月・データハウス）
・『光GENJIへ3　みんなで考えようジャニーズ問題』（1989年4月・データハウス）
・『光GENJIへ　最後の警告』（1989年6月・データハウス）
・『さらば!!光GENJIへ』（1989年9月・データハウス）
・『光GENJIファンから北公次へ』（1989年12月・データハウス）

――1988年11月から1989年12月にかけて、わずか1年強で6冊の、いわゆる〝暴露本〟が出版された。

「フォーリーブスのリーダーであり元トップアイドルの北公次が出版した〝生々しい〟暴露本ということで、シリーズ累計100数十万部の売上げを誇ったと聞いています。しかしこの暴露本の仕掛人がAV監督の村西とおる氏であったこと、出版のきっかけが〝田原俊彦と寝た〟と証言するAV作品を潰されたこと、などから来ているせいでテレビは完全に沈黙。暴露本の存在を完全にスルーしたのです。もしあのとき、故ジャニー喜多川氏による性加害を深刻な問題として捉えていたら、少なくとも1990年以降は性加害も性被害も起こらなかったかもしれません」（同前）

フォーリーブスが1978年8月31日で解散して以降、同時にジャニーズ事務所からも退所した北はわかりやすく転落していく。

武者修行のために渡米するも思い通りにいかず、解散翌年の1979年4月には覚醒剤取締法違反で逮捕。釈放後に出身地の和歌山県田辺市に帰郷して漁業組合に就職したが長続きはせず、白浜温泉のスナックでアルバイトをして糊口をしのいでいたものの、スポットライトの眩しさが忘れられずに芸能界へ復帰。北公次の芸名をそのまま使用するなど復帰には大きな問題はなかったが、所属事務所を転々としながら金銭的にも行き詰まるようになってしまう。

故郷の田辺市で蟄居生活を送っているところにジャニーズ事務所を糾弾する裏情報を集めていた村西とおる氏から復帰話を持ちかけられたが、そこでも北の〝逃避癖〟のせいで頓挫。しかしそれがきっかけで『光ＧＥＮＪＩへ』の出版へと動き出す。

北は後年、「『光ＧＥＮＪＩへ』シリーズの出版やジャニーズ批判活動で得たギャラや収入はライブや酒につぎ込んだ」、「ライブも最初のうちは本の話題性で客は来ていたが長くは続かなかった」、「ギャラに目が眩んで恩人を裏切ってしまった」――などと後悔の念をインタビューでも述べている。

「北さんは肝臓がんで亡くなる前にメッセージを残していますが、そこではファンへの感謝とともに、『そして最後にどうしても言わせていただけるなら、ジャニーさん メリーさん ありがとうございました』の一文で結んでいます。だからといって、もちろん性加害を肯定することではありませんが」（同前）

北公次は間違いなく故ジャニー喜多川氏の〝秘蔵っ子〟だった。

しかしそれから数年後、ジャニーズJr.としてバックダンサーにもつけさせないほどの特別待遇を受ける後輩が現れる。

しかも〝Ｆｏｕｒ Ｌｅａｖｅｓ〟の〝Ｆｏｕｒ（４）〟を超える〝５（ＧＯ）〟の芸名を授けられた新人が――。

ジャニー喜多川が人生で一番愛したタレント

ジャニーズJr.時代に所属していたグループではレコードデビューすることができなかったものの、グループ解散後のソロ活動で主演した映画主題歌でデビューを果たした元ジャニーズJr.・N氏と私は、1980年代の後半から新宿二丁目での〝飲み仲間〟として交流が続いていた。ところがお互いに多忙となり、あやふやな記憶を辿ると最後に会ったのは2000年代に入ってすぐの頃だったと思う。

しかしその頃、酔ったN氏がよく語っていたセリフは鮮明に覚えている。

それが――

『僕たちのグループは（川﨑）麻世やトシ（田原俊彦）のバックにしかついてないけど、すでにジャニーズを退所していた郷（ひろみ）さんの話は、耳にタコができるぐらい〝自分の最高傑作〟だとジャニーさんから聞かされてた』（N氏）

――の、セリフだった。

後にバラエティ番組でＴＯＫＩＯやＫｉｎＫｉ Ｋｉｄｓが「ジャニーさんはいつも〝少年隊が過去イチ（のグループ）〟と話している」などと発言するたび、私はＮ氏のセリフを思い出していた。

「郷さんは大学進学を反対されたことで故ジャニーさん、故メリーさんと揉め、ジャニーさんが末期の十二指腸潰瘍で入院したことをチャンスだと判断し、二人の制止を振り切ってジャニーズ事務所から他のプロダクションに移籍してしまった。その経緯からもジャニーさんは郷さんのことを最高傑作だとは認めたくない〝意地〟があったのでしょう。それは１９８０年代からジャニーズ事務所とつき合いがあるテレビ局関係者ならば、Ｎさんのセリフを〝その通り〟と認めるんじゃないですかね」

（ベテラン放送作家）

郷ひろみの芸名（本名・原武裕美）に使われている〝郷（５）〟は、公式にはフォー（４）リーブスの弟分として一つ大きい数字にちなんでいるとされているが、Ｎ氏によると――

『フォー（４）リーブスを超える存在になるように。だから一つ大きい数字（５）にちなんだ――と、当時ジャニーズの内部にいた人間ならみんな知っている』

――そうで、〝弟分だから一つ大きい数字〟よりも〝超える存在になるように〟のほうが説得力がある。

そしてこの郷ひろみこそが、故ジャニー喜多川氏が人生で一番愛したタレントなのだ。

1971年公開、映画『潮騒』のオーディションには落選してしまったものの、そのオーディション会場で出会った故ジャニー喜多川氏に〝一目惚れ〟された原武裕美少年は、その場で熱心なスカウトを受け、ジャニーズ事務所に入所する。

当時、福岡県出身ながら国鉄マンの父親の関係で品川区に住んでいた裕美少年だったが、故ジャニー喜多川氏たっての願いで合宿所生活に入る。しかも他のJr.たちとは違い、合宿所では裕美少年一人だけに故ジャニー氏と同じ食事メニューが与えられ、その超VIP待遇のせいで先輩たちにはかなり疎まれたという。

後年——

『ジャニー喜多川は郷ひろみの生みの親だということです。それは絶対に間違いのないこと』

——と発言した郷ひろみは、何から何まで故ジャニー氏にとっては特別な存在だったのだ。

「ジャニーさんはあらゆる仕事現場に顔を出すことで知られていますが、その始まりも郷さんに24時間ベッタリで嫉妬した他のタレントの機嫌を取るため、所属タレントの仕事現場を回ることが習慣化したせいだとも言われています。つまり郷ひろみさんの生みの親がジャニーさんであることと同様、郷さんもまた、後のジャニーさんを作り上げたと言っても過言ではありません」(同ベテラン放送作家)

ジャニー喜多川氏が人生で一番愛したタレント、自身の〝最高傑作〟と呼んで憚らなかった郷ひろみの事務所移籍という、自分に対する〝裏切り〟行為（※ジャニー喜多川氏からすれば）が、その後のジャニー喜多川氏、そしてジャニーズ事務所に与えた影響はどれほど大きかっただろうか——。

第2章

メリー喜多川の恐怖政治

ジャニーズ事務所が歩み出した〝独自路線〟

あらゆるオーディション会場に潜り込み、自分の目で原石を発掘していた故ジャニー喜多川氏の審美眼を最も身近で感じ、また信頼していた人物――。

実姉であり、ジャニーズ事務所の経営面を担ってきた故メリー喜多川氏は、もちろん弟の〝特別な趣味〟を知らないハズがなかっただろう。そしてジャニーズ事務所の草創期、その〝趣味〟を唯一「止めることができた」いや「止めなければならなかった」のも彼女である。

「もうお二人とも亡くなってしまったので想像や過去の証言から推し測ることしかできませんが、ジャニーズ事務所が渡辺プロの系列から独立し、様々な苦労から故ジャニーさんが入院（十二指腸潰瘍）、その隙を突くかのように郷ひろみさんがジャニーズ事務所を離れ、ジャニーさんは荒れに荒れたことでしょう。もちろん性加害を容認することはできませんが、昭和50年代初めの芸能界や日本社会の情勢を鑑みると、姉であり共同経営者であるからこそ、加速する弟の趣味を野放しにしてしまった……とも考えられます。繰り返しになりますが、だからといって性加害を容認も肯定もできません」
（ベテラン放送作家）

故ジャニー喜多川氏が〝最愛〟の郷ひろみ移籍のショックから立ち直るならば……と、故メリー喜多川氏が「見逃していた」のだとすれば、その責任は同等以上に重い。

『そういえば昔、ジャニーさんが『所詮、人は離れていく』と話していたことがあって、そのときは辞めていくスタッフのことなのかレッスン生のことなのか深くは考えなかったけど、仮に郷さんのことを指していたのだとしたら、今思えば〝どうせ離れていくのなら手を出してしまえ〟の気持ちで性加害が加速していたのでは？』

――先ほどご紹介した元ジャニーズJr.・N氏はそう語ってくれた。

そして郷ひろみの移籍をきっかけに〝人が変わる〟のは、何も故ジャニー喜多川氏一人に限ったことではなかった。

大昔の芸能界ではタレントの独立はご法度中のご法度で、もし強引に独立を強行した場合、その後数年間はテレビやマスコミから〝干される〟のが当たり前だった。有名なのは歌手の森進一が1979年に渡辺プロから独立したときの〝報復〟で、レコード大賞を受賞した『襟裳岬』をはじめ、

『おふくろさん』などの大ヒット曲を持つ森進一でさえ、歌番組からその姿が消えた。
「当時の〝森潰し〟には音事協（日本音楽事業者協会）という芸能プロダクション団体が関係していて、加盟している事務所が音事協の名の下に一斉に（音楽番組担当者に）〝共演拒否〟を申し入れたのです。そうなるとテレビ局側は、森進一を出演させると他の歌手が出演してくれなくなるので、音楽番組そのものが作れなくなる。天秤にかけるまでもありません」（同ベテラン放送作家）
それでは、その森騒動よりも4年も前に移籍した郷ひろみは、なぜ干されなかったのか？
答えは簡単。ジャニーズ事務所は音事協には加盟しておらず、しかも郷が移籍した先は音事協の中心的存在の芸能プロダクションだったから〝手が出せなかった〟のだ。
「郷ひろみさんが移籍した当時、他に名の知られたジャニーズタレントはフォーリーブスと豊川誕さんぐらいしかおらず、とても音事協と互角に渡り合えるプロダクションではありませんでした。音事協が設立されたのは1963年ですが、基本的には渡辺プロとその系列が主流派。ジャニーズ事務所も系列から離れたときに加盟していれば、郷ひろみさんもそう簡単には移籍できなかったはずです」（同前）
ジャニーズ事務所はそれ以降、今に至るまで音事協の正会員はもちろん、賛助会員としても参加していない。

「普通のプロダクション経営者ならば郷ひろみさんの騒動の後、〝自分たちも音事協に加盟しよう〟と考えるところ。でもアメリカで育って独立心の強い故メリーさんは、自分たちが音事協という団体の傘の下に入るよりも、自分たちで圧力をかけられる力を持とうと考えたのです」(同前)

郷ひろみの移籍をきっかけに、故メリー喜多川氏は他のプロダクションとは一線を画し、独自路線を歩み出すことを決めたのだ。

「その傾向がさらに強くなったのが〝あの〟発明品の存在です」(同前)

それは「携帯電話」だった。

先に前ジャニーズ事務所副社長・白波瀬傑氏のエピソードの中で、私は以下のような文章を記している。

【ある意味では〝物腰の柔かい〟オネエ言葉のCさんがなぜ〝怖がられていた〟のか? それはCさんのみならず故メリー喜多川氏、新しい地図(※CULEN)・飯島三智氏など、ジャニーズで強権派と語られている幹部社員たちが、テレビ局やラジオ局の担当者(※番組担当者)、紙媒体のジャニーズ担当者の携帯電話に、直接電話をかけてくるからだ。】

1980年代後半、バブル景気の最中にギョーカイではいち早く携帯電話が普及し始める。

当時（普及初期の頃）、8秒とか16秒で100円の通話料がかかる料金体系だったにも関わらず、タレントにもギョーカイ人にも携帯電話は〝わかりやすいステータス〟として受け入れられていった。

そんな時代、24時間お構いなしに携帯電話や自宅の固定電話に連絡してくるのが故メリー喜多川氏だった。音事協の〝コワモテ系〟芸能プロダクションでも、よほどの緊急案件でない限りは24時間追い回してはこなかった。しかしジャニーズ事務所は故メリー喜多川氏の了承の下、ギョーカイ人たちを24時間縛りつけたのだ。

「話だけ聞くと、いかにも地味に思われるかもしれませんが、〝いつ何時に電話がかかってきて、何を言われるのだろう？〟……のプレッシャーは効きますよ」（同前）

こうしてメリー喜多川氏、そしてジャニーズ事務所は、テレビ局をはじめとするメディア関係者に〝圧力〟をかける独自路線を歩み出したのだ。

メリー喜多川が生み出した〝ジャニーズ流錬金術〟

故メリー喜多川氏が生み出した、史上最強クラスの錬金術がファンクラブ組織の『ジャニーズファミリークラブ』だ。

「もともとは芸能人やスポーツ選手を応援する規模の小さな後援会、限られた入会資格で運営する一部後援者たちの組織を、より一般的に開放したのがファンクラブです。簡単にいうと入会金や会費さえ払えば誰でも入会することができる公認（公式）組織で、基本的には運営は所属団体（プロダクション）や団体から委託された運営専門会社が行っています。中には熱狂的なファン自らが運営する私設ファンクラブもありますが、それを応援される本人が公認するケースも、しないケースもある。公式ファンクラブには会員だけが得られる特典があり、主にそれは会員証の発行、入会記念グッズ、会員限定商品の販売、会報の発行、コンサートや舞台チケットの優先販売、会員限定イベントへの参加、テレビ番組の収録参加（番協）、会員限定情報の配信などです」（フジテレビ関係者）

このうち、ファンがジャニーズファミリークラブに入会する主目的は、コンサートや舞台チケットの優先販売と言い切ってもいいだろう。

「お目当てのコンサートや舞台に入るため、ファンは通称・多名義と呼ばれる〝複数入会〟を行います。1回のコンサートツアーに当選する確率を上げるためには、単純にできるだけ多く、複数入会で申し込み口数を増やせばいい。これはジャニーズファミリークラブに限ったことではないし、他のアイドル、アーティストでも同じです。しかし故メリー喜多川氏が構築したジャニーズファミリークラブは、将来的にファンがいくつもの口数に入会して安定した会費収入を得られるように画策されたもの。メリーさんはチケット販売をジャニーズファミリークラブ専用にすることで、信じられないぐらいの収入源に育て上げたのです。これを〝ジャニーズ流の錬金術〟と呼ばずして、何と呼びましょう」（同フジテレビ関係者）

つまり今、Ｓｎｏｗ Ｍａｎのコンサートを見たければ、まずジャニーズファミリークラブ（Ｓｎｏｗ Ｍａｎファンクラブ）に入会しなければ、チケットの申し込み資格すら得られないのだ。

「最初は誰もが一口の入会で申し込みますが、よほど運が良くなければ一口で当選するチャンスは極めて低い。ファンは落選を繰り返すうちに多名義の存在を知り、まずは身内の名義や個人情報で２口目、３口目と会員枠を増やしていく」（同前）

近いうちに東山紀之のファンクラブは閉鎖（解散）されるだろうが、それを除いても2023年9月現在、木村拓哉からTravis Japan、ジャニーズJr.情報局まで20の個別ファンクラブがあり、会員数は公開されてはいないものの、様々なファンサイトが独自に集計し累計した会員数は、累計で1，200万人とも1，300万人とも言われている。

「もちろん多名義の他にも担当（※アイドル界でいう〝推し〟のこと）を兼任しているファンもいますから、逆にいえばこの数字は低めに見積もっている感もある。そしてジャニーズファミリークラブの年会費は4，000円（入会金1，000円）なので、仮に1，300万人の場合、最低でも年会費の4，000円×1，300万口分の会費が入るので、年商は520億円。ジャニーズ事務所がテレビ出演料やCM契約金など1年間の報酬をタレントにすべて支払い、マージンを1円も受け取らなかったとしても、最低でも520億円の年商は上がる計算になります」（同前）

故ジャニー喜多川氏の性加害によるダメージを補ってくれるのは、姉の故メリー喜多川氏が生み出したジャニーズファミリークラブという〝遺産〟だったのか――。

メリー喜多川にとって〝最も大切なアイドル〟

故ジャニー喜多川氏にとって〝永遠の恋人〟が郷ひろみなら、故メリー喜多川氏にとって〝最も大切なアイドル〟は近藤真彦だったという。

「少し古い話にはなりますが、2015年1月、故メリーさんが週刊文春に登場して〝嵐は踊れるけどSMAPは踊れない〟とインタビューで腐していた記事を読んで、思わず笑ってしまいました。だってアナタが最も大切にして可愛がっていた〝彼〟は、ジャニーズのソロデビュー組史上、一・二を争うほど踊れないアイドルでしたからね」

こう話してくれたのは、かつて近藤真彦が担当していた文化放送のラジオ番組でプロデューサーを務めていたH氏だ。

「マッチとは年に1回、僕の誕生日に痛飲する関係がコロナ前まで続いていました。今は彼がジャニーズ事務所を辞めてしまったので、いろんな意味で誘い難くなってしまいました」（H氏）

近藤は酒の強さには自信を持っていたようだが、H氏がわざわざ〝痛飲〟というほど飲んでいたのだから、それはある程度まで酔っ払うこともあっただろう。

そして酔うと必ず近藤は、「新ご三家への憧れ、木村拓哉の悪口……というか嫉妬ですかね。そしてメリーさんとの関係について喋っていました」（H氏）と明かす。

新ご三家や木村拓哉についての話は別の機会に伺うとして、やはり気になるのは〝メリーさんとの関係〟だ。

「ギョーカイでは昔からジャニーさんはトシちゃんや少年隊、メリーさんがマッチを気に入っていた――が定説になっていました。ジャニーさんの特別な趣味が知られていたせいで、マッチも〝メリーさんと深い関係なのでは？〟と囁かれることもありましたが、本人は酔ったときでも笑いながら〝メリーはウチの母親と仲良かったから（俺とは関係があるハズがない）〟と話していましたね」（H氏）

しかし故メリー喜多川氏は経営責任者の立場にありながら、近藤真彦に対する寵愛と特別待遇は周囲が「さすがにやりすぎでは？」とドン引きするほどだったという。

「マッチは年を取ってからも、たのきんトリオで大ブレイクした頃のエピソードを楽しそうに語っていました。18才の誕生日と同時に免許を取ると、『免許受け取ったその足でメリーとフェラーリ買いに行った』と話していましたね。『だってトシ（田原俊彦）がジャニーにポルシェ買ってもらってたから、じゃあ俺はフェラーリになるよね』などとも話してましたね」（同前）

ずいぶんと豪勢な話だが、近藤真彦の20代、30代の頃をよく知る放送作家氏によると、「マッチは給料として渡される金額は少なかったけど、室内プールとジムが付いた六本木のマンションの家賃からフェラーリのガソリン代、指定された店での飲食代、スタイリストが持参する衣裳の買い取り費用まで、生活にかかる金、すべてが事務所なのかメリーさんなのか、どっちかわからないけど払ってもらっていたね。だから毎月『給料には手をつけたことがない』と話していたよ。それにマッチぐらいになるとほぼ毎晩どこかのタニマチから声がかかるから、酒席に顔を出して乾杯するだけで10万円単位の〝お車代〟ももらっていた」そうだ。

13才の頃、地元の神奈川県大和市で所属していた少年野球チームの監督の娘が、チーム全員の集合写真をジャニーズ事務所へ送付。公式には故ジャニー喜多川氏がその写真の中から近藤真彦の顔に○印を付け、監督の娘に電話をかけて近藤をスカウトしたことになっているが、スカウトにあたったのは故メリー喜多川氏だったようだ。

「メリーさんは『芸能界志望じゃない子をスカウトするなら、まずはお母さんから口説かないと』の精神で、ジャニーさんを制して出馬したとマッチから聞いています。そしてそのときにマッチのお母さんと仲良くなり、姉妹のようなつき合いを始めたとか」（H氏）

そんなマッチの母親が1986年に事故死し、さらに翌1987年の日本レコード大賞受賞の際、母親の遺骨が墓から盗まれる事件が起こってしまう。

骨を返して欲しければレコード大賞受賞を辞退するように脅迫され、ジャニーズ事務所側は1988年の新年早々、その事実をマスコミに公表して大騒動が勃発。間もなく事件から36年になろうとしているが、母親の遺骨は盗まれたまま。

故メリー喜多川氏は遺骨を取り戻せていないことを死ぬまで悔やみ続け、近藤に対する詫びの気持ちからか、すべての増長を許し、受け入れたのだ。

「マッチは2020年11月に不倫騒動がきっかけでジャニーズ事務所から無期限の芸能活動自粛処分を受けていましたが、あっさりと翌2021年4月にジャニーズ事務所を退所。まったく反省も自粛もしていないように見えたこの行動も、結局はメリーさんの許しが出たからこその退所でしょう。そんなマッチに、当時は〝ジャニーズ事務所の次男〟と呼ばれていたヒガシがテレビ朝日系『サンデーLIVE‼』の中で『僕自身は今回の退所の仕方に大きな疑問が残っている』『コメントがすごく薄っぺらく感じる』と苦言を呈すると、メリーさんは『私への批判？』と返したそうです。メリーさんが亡くなる約4ヵ月前の、マッチに対する最後の寵愛行動かもしれませんね」（H氏）

その近藤真彦はメリー喜多川氏の逝去に際し――
『悲しすぎて言葉が見つかりません。
働いて働いて寝ずに働いて。
笑顔で「私、昨日も寝てないのよ」が口癖でした。
ありがとうございました。
ゆっくりおやすみください。
最後まで迷惑をかけてごめんなさい』
――との言葉を贈るのが精一杯だった。

ギョーカイに〝恐怖の楔〟を打ち込んだ「中森明菜金屏風会見」

1989年12月31日の大晦日、もちろん裏では『NHK紅白歌合戦』が生放送されている時間帯に、こちらも午後10時からテレビ朝日系列で生中継することが決まった。

それが伝説の〝中森明菜金屏風会見〟だ――。


場所はあの大型宴会場「飛天の間」でお馴染みの東京品川・新高輪プリンスホテル。

この緊急会見の生中継を仕切ったのは、当時のテレビ朝日・制作3部の部長で、音楽班のトップに立っていたS氏。すでにS氏は鬼籍に入られてしまっているが、後にテレビ朝日の事業局長、取締役制作局長などを歴任し、現場では〝テレ朝の天皇〟の異名でも知られていた。

そのS氏は生前、周囲にこの金屏風会見について、

「俺がメリーと話をして決めた」

――と語っていたそうだ。

「あの年、明菜はマッチの自宅で自殺未遂を図って（同年7月11日）以来、芸能活動の休止を余儀なくされていました。またマッチも前年の正月に公表した母親の遺骨盗難事件以来、なかなかヒット曲に恵まれなかったことに加え、中森明菜との交際や松田聖子とのニューヨーク密会が発覚し、多くの熱狂的な女性ファンが離れてしまった。挙げ句、二人ともNHK紅白歌合戦に落選し、NHKに対する〝あてつけ〟とまでは言いませんが、当時メリーさんとSさんは〝あえて〟紅白の裏にぶつけてきたのです」（元テレビ朝日音楽班スタッフ）

基本的にあの記者会見は、故メリー喜多川氏が〝近藤真彦の失地回復〟のために仕組んだもの。生中継で中森明菜が歌手活動への復帰を発表し、近藤に〝迷惑をかけた〟詫びを入れる。そこに今で言う〝サプライズ〟で近藤を登場させ、二人が笑顔で握手することで「丸く収まった」イメージをアピールするシナリオだったという。

「何年か後、Sさんが番組の打ち上げでスタッフにそう公言していました」（同元テレビ朝日音楽班スタッフ）

ところが、だ。故メリー氏とS氏はできるだけ地味に会見を行うつもりだったところ、ホテル側が「中森明菜さんの復帰会見だから」と気を利かせ、おめでたい〝金屏風〟を用意したのだった。

「その気になれば金屏風を片付けることもできたはずですが、メリーさんは『これで明菜がいろいろと誤解して素直に従うかもしれない』と、あくまでもマッチのイメージを回復させる目的のみで金屏風

を使ったようです」（同前）

　中森明菜自身、〝単なる復帰会見〟と聞かされていたところに金屛風が飾られていたら、内心「（これって私たちの婚約会見？）」と誤解し、近藤に有利な発言や態度に終始するかもしれない――と、故メリー喜多川氏は咄嗟に判断したということだ。

「後に現場で〝テレ朝の天皇〟と恐れられる人物よりも、2手3手先を読んで策略を張り巡らせる。結果的にはメリーさんの思惑とは逆方向で〝中森明菜は婚約会見だとメリー喜多川に騙されて引っ張り出されたに違いない〟などの噂が飛び交いましたが、いずれにしてもこの会見に中森明菜を引っ張り出したこと、しかも紅白の真裏でテレビ朝日に生中継させたことで、メリー喜多川副社長の〝怖さ〟がギョーカイ中に轟いたのです」（同前）

　故メリー喜多川氏はこの会見で中森明菜に――

『勝手な自分のわがままな行動に出てしまい、皆さんにこんなにまでもご迷惑をおかけし、ご心配をおかけしたことを深くお詫びします』

――と頭を下げさせ、近藤真彦の責任問題を封じ込めた。

　そしてギョーカイに〝メリー喜多川は自社のタレントを守るためなら何でもする〟と、恐怖の楔を打ち込むことにも成功したのだった。

光GENJIがきっかけとなったジャニーズ事務所と賞レースとの〝蜜月の終焉〟

1975年の独立創業以来、「育成」の故ジャニー喜多川氏、「経営」の故メリー喜多川氏の二人三脚で歩んできたジャニーズ事務所。

独立創業年の郷ひろみ独立も影響し、1970年代は芸能界、テレビ界を席巻するほど大きな存在感を示すことはなかったジャニーズ事務所だったが、1979年10月クールにスタートした武田鉄矢主演、不朽の名作学園ドラマ『3年B組 金八先生』第1シリーズの生徒役に田（た）原俊彦、野（の）村義男、近（きん）藤真彦の『たのきんトリオ』を送り込み、またこのトリオが昭和歌謡の〝ご三家（西郷輝彦・舟木一夫・橋幸夫）〟〝新ご三家（郷ひろみ・西城秀樹・野口五郎）〟に続く、言うなれば〝新々ご三家〟的な扱いを受けたこと、さらに1980年代の爆発的なアイドル（男女ともに）ブーム到来によって、そのど真ん中にジャニーズ事務所が鎮座することになる。

「後年、ジャニーズ事務所は歌謡界の賞レース（日本レコード大賞、日本歌謡大賞など）とは一線を画することになりますが、１９８０年代のアイドルブームとジャニーズ事務所の隆盛は、日本レコード大賞と日本歌謡大賞がもたらせてくれたと言っても過言ではありません。なにせ１９８０年の田原俊彦に始まり、１９８１年の近藤真彦、１９８２年のシブがき隊、１９８３年の野村義男（ＴＨＥ ＧＯＯＤ-ＢＹＥ）、１９８６年の少年隊、１９８８年の男闘呼組……と、80年代で4年連続を含む6組が両賞の最優秀新人賞を独占したのですから」（元ＴＢＳテレビ編成マン）

　第1章でも少し触れているが、同年に2組以上レコードデビューさせない初期ジャニーズ事務所の戦略は、日本レコード大賞、日本歌謡大賞の両「最優秀新人賞」独占が目的だったからだ。

「１９８０年代のアイドルブームはテレビ界の隆盛とともにやってきました。当時のテレビの影響力は、平成以降のテレビ界しか知らない人には信じられないぐらい大きな力を持っていた。そして日本レコード大賞は主催が（公益社団法人）日本作曲家協会で、後援はＴＢＳ（ＴＢＳテレビ・ＴＢＳラジオとその系列局）。日本歌謡大賞は主催がＴＢＳ以外の放送局8局（フジテレビ・日本テレビ・テレビ朝日・テレビ東京・ニッポン放送・文化放送、ＲＦラジオ日本、エフエム東京）が結成した「放送音楽プロデューサー連盟」。つまり両賞の最優秀新人賞を受賞することは、一《いち》芸能プロダクションが日本のマスコミ（特に民放キー局と主要ラジオ局）を牛耳る影響力を発揮することになる。この点に着目した故メリー喜多川氏の天才的な経営センスの賜物でしょう」（同元ＴＢＳテレビ編成マン）

しかもその中で、田原俊彦には松田聖子が、シブがき隊には〝82年組女性アイドル（中森明菜、小泉今日子、堀ちえみ、早見優、石川秀美など）〟という超協力なライバルたちがいた。賞レースで彼女たちを凌駕することで、ジャニーズ事務所のアイドルたちはさらなる付加価値を得ることができたのだ。

そのライバルたちを蹴散らすための工作として、故メリー氏の右腕、広報担当・白波瀬傑氏のバックアップも忘れてはならない。

「白波瀬氏は積極的に自社タレントをスポーツ紙の芸能面に登場させるとともに、老舗芸能誌の〝月刊明星（現Ｍｙｏｊｏ）〟の誌面を抑え、毎月何10ページもカラーグラビアページにタレントを登場させた。後に複数のアイドル誌が誕生しますが、ジャニーズアイドルの情報はアイドル誌が独占するので、ファンはこぞって全アイドル誌を買い漁る。結果、出版界に大きな〝貸し〟を作ることにも成功します。こうして故ジャニー喜多川氏が少年たちとの行為に耽る間も、ジャニーズ事務所によるマスコミ支配が進んでいくのです」（同前）

その後、１９８７年に近藤真彦がジャニーズ史上初の日本レコード大賞を受賞すると、翌１９８８年には光ＧＥＮＪＩが日本レコード大賞を受賞。そして１９８９年、ジャニーズ事務所としての〝レコ大3連覇〟、光ＧＥＮＪＩの〝レコ大連覇〟でさらなる栄誉を得ようとしたが、もう他の芸能事務所も黙ってはおらず、本命の光ＧＥＮＪＩは大賞ノミネートの金賞に甘んじてしまい、このあたりからジャニーズ事務所と賞レースの蜜月は坂道を転がり落ちていく。

「光ＧＥＮＪＩはデビュー曲『ＳＴＡＲ　ＬＩＧＨＴ』がフジテレビの一大イベント（ミュージカル『スターライトエクスプレス』日本公演）のテーマ曲なので、さすがに強引に最優秀新人賞を狙いにはいきませんでした。しかし翌年は光ＧＥＮＪＩが大賞を受賞、男闘呼組が最優秀新人賞を受賞していたので、光ＧＥＮＪＩのレコ大連覇は確実視されていたのです。現に同年の日本歌謡大賞は受賞しているので、さほど強力なライバルもいませんでした」（同前）

１９８９年の日本レコード大賞はＷｉｎｋの『淋しい熱帯魚』に奪われ、さらに１９９０年からレコード大賞を「ポップス・ロック部門」と「歌謡曲・演歌部門」に分割することが発表されると、ジャニーズ事務所は同賞の価値の低下を指摘し、賞レースからの辞退を表明する。

「本音は１９９０年にデビューさせた〝忍者〟が不人気で、しかも分割されたレコ大のポップス・ロック部門にノミネートされたことで、故ジャニー喜多川氏が〝忍者は演歌だ！〟と譲らず、その逆鱗に触れた訣別です。このとき、メリーさんはレコ大側が光ＧＥＮＪＩ事件に続いて2度目の反目を見せたことが許せなかった。結果的にレコ大は１９９０年以降、急速に価値を落としていった。ジャニーズとしては最も良いタイミングで賞レースから離れることができたのです」（同前）

私には故メリー喜多川氏が賞レースをしゃぶり尽くし、これ以上は吸い取る部分がなくなったから捨てた……としか思えない。

そしてそれはまた忍者、ＳＭＡＰ、ＴＯＫＩＯのデビュー期まで、短いながらもジャニーズ事務所が〝低迷期〟を迎える大きな原因になったとさえ思えるのだが——。

第3章

対立と蜜月

少年隊〝全米デビュー〟の夢を潰したメリー喜多川

私は第1章のエピソードで元人気バックダンサーユニットのメンバー・N氏の証言を引用し――
「僕たちのグループは（川﨑）麻世やトシ（田原俊彦）のバックにしかついていないけど、すでにジャニーズを退所していた郷（ひろみ）さんの話は、耳にタコができるぐらい〝自分の最高傑作〟だとジャニーさんから聞かされてた」（N氏）
――とお話しし、さらに【後にバラエティ番組でTOKIOやKinKi Kidsが「ジャニーさんはいつも〝少年隊が過去イチ（のグループ）〟と話している」などと発言するたび、私はN氏のセリフを思い出していた】としているが、確かに故ジャニー喜多川氏は、少年隊に特別な期待を寄せていたことがあった。
それがジャニーズ事務所第1号タレント・ジャニーズ（あおい輝彦、飯野おさみ、真家ひろみ、中谷良）が掴み損ねた〝全米デビュー〟の夢だった。

2022年3月下旬、当時ジャニーズJr.ユニットだったTravis Japanは、メンバー全員でのロサンゼルス武者修行に出発。すぐに参加した『World of Dance Championship Series—Orange County 2022』では、和テイストのパフォーマンスを披露してコンテスト・チーム部門3位、ベストコスチューム賞（クラウド・フェイバリット賞）を受賞。さらに7月には『アメリカズ・ゴット・タレント シーズン17』に出演すると、8月の準決勝まで進出、ライブステージショーは全米放送されている。

「Travis Japanは同年9月29日にアメリカの有名レコードレーベル・キャピトルレコードと契約、1ヵ月後の10月28日にデジタル配信とはいえ『JUST DANCE!』で世界同時メジャーデビューを果たしました。しかもこの『JUST DANCE!』は、11月12日付のBillboard The Global excluding USで、日本人初となるデビュー曲での5位ランクインを記録。振り返れば1966年、故ジャニー喜多川氏がジャニーズの全米デビューを目指して渡米して以来、実に56年越しの夢を愛弟子・滝沢秀明氏がプロデューサーとして叶えてくれたのです」（人気放送作家）

ここで皆さんは一瞬「（あれ?）」と首を捻られたかもしれない。冒頭の私の説明では、その役割は少年隊が担うべきものだからだ。

事実として少年隊のメンバーは、『仮面舞踏会』でのレコードデビュー前年、英語詞での全米デビューを前提に渡米はしている。

細かいことは後で説明させていただくが、実はレコーディングまで済ませていたこの全米デビューは、故メリー喜多川氏の猛反対によって立ち消えになってしまったのだ。

皆さんもご存知の通り、故ジャニー喜多川氏と故メリー喜多川氏は、ともにアメリカ・ロサンゼルスで生を受けている。ジャニー氏は1931年、メリー氏は1926年の生まれで、一時は戦争を挟んで日本とアメリカを行き来する生活を送っていたそうだ。

「戦後、日本に定住することになるジャニーさんは、少年野球チームのコーチを務めたことで4人の少年と懇意になり、その4人が後にジャニーズのメンバーになるわけです。そして新宿の映画館で一緒に観た『ウエストサイド物語（ストーリー）』（1961年公開）に感化され、翌1962年から芸能活動をスタートさせたことがジャニーズ事務所の始まりになりました」（同人気放送作家）

そんなジャニーズは1964年に『若い涙』でレコードデビューを飾り、ミュージカル調のパフォーマンスで人気を拡大する。そしてジャニー氏は、何もかもが順調に運んでいたかに見えた1966年8月、ジャニーズの全米デビューとそれに相応しいダンスレッスン、ボーカルレッスンを積むため、アメリカでの長期滞在の道を選んだのだ。

しかし事態は、わずか4ヵ月で一変。翌1967年1月に帰国してみると、あれほどの熱狂はどこへやら。時代は完全にグループサウンズのものになっていたからだ。

こうして故ジャニー喜多川氏が目指した最初の全米デビューは失敗に終わり、ジャニーズも解散。歌って踊るアメリカ流のショービジネスを日本に根付かせようと奔走した故ジャニー喜多川氏だったが、そこには大きな失意しか残らなかった。

そんな弟の姿を一番近くで見つめていた故メリー喜多川氏は、1985年12月のレコードデビュー前年、ジャニー氏が再び少年隊とともに「全米デビューを目指す!」と言い出したとき、5才年上の姉として強く反対の立場を取ったそうだ。

「これは先輩ディレクターから聞いた〝伝説〟の一つですが、メリーさんは『経営者として、失敗するチャレンジは許さない』――とジャニーさんを一喝したとかしないとか」(同前)

18年前のジャニーズの挑戦は、30代のジャニー氏の〝若さゆえの暴走〟で片付けることもできるが、1984年当時はたのきんトリオ、シブがき隊、さらには後の光GENJIメンバーなど多くの才能を抱えていた芸能プロダクションの経営者として、少年隊に〝ほぼ失敗するであろう〟全米デビューを担わせる〝特別待遇〟を受けさせたくはなかったのだろう。

しかしジャニー氏と少年隊は、1984年から1985年のレコードデビュー直前まで、短期でのアメリカ武者修行を繰り返し、実際に現地レコード会社とも「〝日本デビュー後の全米デビュー〟契約を結んだ」と伝わってきていた。

「確かに日本でのレコードデビュー時に全米デビューの予定も発表していました。これは故ジャニーさんが『発表して既成事実を作ればメリーも反対しなくなる』計算だったようです。全米デビュー用のレコーディングも何曲か済ませたものの、この話は故メリーさんの思惑通り立ち消えになりました。後に元少年隊の植草克秀が『海外レーベルとも契約してマイケル・センベロプロデュースの英語曲を何曲かレコーディングした』と明かしましたが、メリーさんに近い元スタッフによると、強硬に反対した理由を『あの子たちの英語力じゃ何歌ってるのかわからなかったから』と話していたそうです」（同前）

こうして故ジャニー喜多川氏が少年隊に懸けた世界進出の夢は、姉に潰されてしまったのだ。

そしてここから、長きに渡る〝姉弟の対立〟が始まり、故ジャニー氏はますますジャニーズJr.にしか興味を示さなくなるのだ。

ジャニー喜多川〝最大の大失敗〟と〝決定権の剥奪〟

ジャニーズ事務所が公式に「所属タレント」として認めている個人（東山紀之・岸優太除く）、グループ（企画ユニット・派生ユニットを除く）メンバーは、２０２３年８月末現在で以下の通りであった。

内海光司・佐藤アツヒロ・木村拓哉・岡田准一・内博貴・中山優馬・生田斗真・屋良朝幸・風間俊介・長谷川純・浜中文一・林翔太・室龍太・高田翔・寺西拓人・原嘉孝・今江大地・松本幸大・冨岡健翔・野澤祐樹

ＴＯＫＩＯ・ＫｉｎＫｉ Ｋｉｄｓ・20ｔｈ Ｃｅｎｔｕｒｙ・ＫＡＴ-ＴＵＮ・ＮＥＷＳ・関ジャニ∞・Ｈｅｙ！ Ｓａｙ！ ＪＵＭＰ・Ｋｉｓ-Ｍｙ-Ｆｔ２・Ｓｅｘｙ Ｚｏｎｅ・Ａ.Ｂ.Ｃ.-Ｚ・ジャニーズＷＥＳＴ・ふぉ～ゆ～・Ｋｉｎｇ ＆ Ｐｒｉｎｃｅ・ＳｉｘＴＯＮＥＳ・Ｓｎｏｗ Ｍａｎ・

なにわ男子・Ｔｒａｖｉｓ Ｊａｐａｎ

またエージェント契約の岡本健一、岡本圭人を除いた総数は１０９名。もちろんそこには数百人に上るといわれるジャニーズJr.のメンバーは含まれていない。

皆さんはソロとグループを問わず、ジャニーズJr.から選抜されてＣＤデビューを果たせるメンバーは「１００％故ジャニー喜多川氏の意思とプロデュースによるもの」とお考えかもしれないが、実質的に故ジャニー氏が全面的にジャニーズJr.のＣＤデビューに関わったのは２０１１年デビューのＳｅｘｙ Ｚｏｎｅまでで、特に２０１５年以降に関しては「もう僕の意思ではデビューさせられない」と、周囲に溢していたと聞いている。

２０１９年9月27日、前社長・ジャニー喜多川の逝去（２０１９年7月9日）により、ジャニーズ事務所2代目社長に就任した藤島ジュリー景子氏。

氏のジャニーズ事務所入所は１９９３年、故メリー喜多川の実子で故ジャニー喜多川の姪というサラブレッドではあったものの、入所後はスタイリストやマネージャー、ＴＯＫＩＯのプロデューサー、通訳等の現場経験を積みながら、ジャニーズ事務所本体の経営陣としてのキャリアは5年後の

1998年3月（取締役就任）からスタートさせている。

1997年、ＫｉｎＫｉ Ｋｉｄｓ のＣＤデビューに伴って設立された初の自社レーベル〝ジャニーズエンタテイメント〟初代社長を経て、2001年、人気低迷していてレコード会社との契約条件が不利になりそうな嵐のため、新レコードレーベルでありながら製作会社でもある〝ジェイストーム〟初代代表取締役社長に就任。このあたりからジュリー景子氏と故メリー喜多川氏の〝事務所経営〟に対する意見が食い違い始めたそうだ。

「嵐のデビューに際し、ジュリー景子氏は叔父のジャニーさんの下で一から（デビューまでの）仕組みを学んだそうです。嵐のために製作会社を立ち上げたのも、そこを単なるレコードレーベルに留まらず、後に映画製作の本丸にまで育て上げるつもりだったといいます。また過去に自身がマネージメントに関わっていたＶ6から、岡田准一を〝ムービースター〟として羽ばたかせるのも大きな目標だったと聞いています」（テレビ朝日幹部）

ジェイストームといえば、皆さん『ピカンチ』シリーズが真っ先に頭に浮かぶのではないか。

「2003年5月、ジュリー氏はジャニーズ事務所の代表取締役副社長に就任するものの、メリーさんとの経営方針を巡る意見の相違から2008年12月で代表取締役を辞任。するとそれ以降、ＴＯＫＩＯ、Ｖ6、嵐、Ｈｅｙ！Ｓａｙ！ＪＵＭＰなど、自分が管轄していたタレントの仕事にしか関わらなく

なったと聞いています」（同テレビ朝日幹部）

その後、2014年3月に再度代表取締役に就任したものの、故メリー喜多川氏との関係は修復されることなく、ジュリー景子氏はジェイストームに籠りっきりだったと聞いている。

そんな二人の関係に変化が生じたのは、故ジャニー喜多川氏が犯した史上最大クラスの大失敗だったという。

「ピンと来るファンの方も多いと思いますが、ＳｅｘｙＺｏｎｅを中心とした〝ＳｅｘｙＦａｍｉｌｙ〟の結成です」（同前）

Ｓｅｘｙ Ｚｏｎｅはフジテレビ系バレーボールＷ杯のスペシャルサポーターとしてデビューしているので、本来であればジュリー景子氏の管轄。ところがＳｅｘｙ Ｚｏｎｅは故ジャニー喜多川氏が『マイケル・ジャクソンのようなセクシーさをイメージしてグループ名を決定した。メンバー選考は男としてのセクシーさを重視した』と発言し、さらに現在は退所しているものの、ドイツ人の父親と日本人の母親を持つハーフのマリウス葉を『世界に羽ばたくため、国際性を持たせたかった』と、嫌な予感しかしない海外進出を目論んでいるかのような発言をするなど、要するに超が付く、ジャニー喜多川氏の〝肝煎りグループ〟だったのだ。

「ところがＳｅｘｙ Ｚｏｎｅは期待したほどのブレイクを見せなかったことに加え、2014年5月、

『Ｓｅｘｙ Ｚｏｎｅ Ｓｐｒｉｎｇ Ｔｏｕｒ Ｓｅｘｙ Ｓｅｃｏｎｄ』横浜アリーナ公演で、いきなり弟分ユニット〝Ｓｅｘｙ 松（Ｓｈｏｗ）（松島聡、当時ジャニーズJr.の松田元太と松倉海斗の3人メンバー）〟と〝Ｓｅｘｙ Ｂｏｙｚ（マリウス葉、同じく当時ジャニーズJr.の岩橋玄樹と神宮寺勇太の3人メンバー）〟を結成すると発表。Ｓｅｘｙ Ｚｏｎｅに2つの弟分ユニット、さらにはファン（Ｓｅｘｙ Ｇｉｒｌｓ）を加えて『Ｓｅｘｙ Ｆａｍｉｌｙ』と称することが併せて発表されました。ユニットに選ばれたJr.たちは2014年当時、次代のＣＤデビューが期待されていたメンバーでもあったので、ファンは一時的に盛り上がりました」（同前）

ところがこの『Ｓｅｘｙ Ｆａｍｉｌｙ』も、故ジャニー氏の気まぐれのせいか、大した活動実績も残せないまま「なかったこと」になってしまったのだ。

「故ジャニーさんの思いつきユニットや企画はちょいちょい発表されましたが、いつの間にか〝なかったこと〟になるのが〝ジャニーズあるある〟です。しかしこのときばかりはジュリー景子氏がそれまでの鬱憤も晴らすかのように『もともとは私が担当するユニットのはずだ』と激怒し、代表取締役の権利でジャニーさんから多くの決定権を奪ってしまった。その一つが〝ジャニーズJr.のデビュー〟で、以降のデビュー組にはジャニーさんの意向はほとんど含まれていません」（同前）

こうした対立が一枚岩にヒビを入れ、盤石なはずの〝家族経営〟がさらに歪められていったのだ――。

ジャニーズ事務所とテレビ東京の蜜月関係

9月7日に行われたジャニーズ事務所側の記者会見後、在京民放テレビ局の中で最も詳細にジャニーズ事務所に対する対応策を公式見解として明らかにしたのはテレビ東京だった。

「テレビ東京はまず9月14日、ジャニーズ事務所に対して経営改革などの対応を急ぐように申し入れたことをマスコミに報告していました。そして〝同族会社からの脱皮や経営の透明性向上などにより経営ガバナンスの強化を明確に進めるとともに、ジャニー喜多川元社長による性被害者への補償を早期に実現するよう求めました〟としたものでした。しかし私は『東京12チャンネルがどの面下げて言ってんだ？』と呆れるしかありませんでした」

こう話すのは、1970年代からテレビの音楽バラエティに携わってきた大御所放送作家のT氏。

今回、ジャニーズ事務所の『光と影』を改めて浮き彫りにする中で感じたのは、ジャニーズ事務所の長い長い歴史は、同時に故ジャニー喜多川氏と故メリー喜多川氏が、それだけ長く深くテレビの内部と関わり、ともに隆盛を築き上げてきた歴史そのものだということだ。

さて話を続けさせていただくが、テレビ東京は9月14日の報告に続き、翌15日にはその内容と自らの立場をこんな書面にしてマスコミ向けに〝声明文〟として発表している。

あえて全文、まずはお確かめいただきたい。

【テレビ東京ホールディングスは本日、国連「ビジネスと人権に関する指導原則」および政府の「責任あるサプライチェーン等における人権尊重のためのガイドライン」に基づき、取引先との対話を通じて人権尊重を促進する人権デューデリジェンスの一環として、ジャニーズ事務所に対して、経営改革などの対応を急ぐよう書面で改めて申し入れました。

当社は、同族会社からの脱皮や経営の透明性向上などにより経営ガバナンスの強化を明確に進めるとともに、ジャニー喜多川元社長による性被害者への補償を早期に実現するよう求めました。

テレビ東京ホールディングスはジャニーズ事務所による具体的な施策の迅速な実行に向けて、今後も会社間の対話を続けていきます。既存番組の出演者など契約済みのタレント起用を除き、10月の新体制発足で具体的な成果を得られたと確認できるまでは、ジャニーズ事務所への新規の出演依頼は極めて慎重に判断する方針です】

ジャニーズ事務所の所属タレントが出演するレギュラー番組（関ジャニ∞・村上信五、安田章大、丸山隆平が出演する『ありえへん∞世界』。ＴＯＫＩＯ・国分太一が出演する『男子ごはん』。井ノ原快彦が出演する『出没！アド街ック天国』）に関しては、「すでに出演が決まっているものについては起用を続けることになります」とコメント。

正直なところ、国連や政府に責任をなすりつけつつ明確な結論は濁している。一般の方にすれば、こんなものを〝声明〟とするには納得がいかないと仰る方も多いだろう。しかし先のＴ氏の言葉にもあるように、実はテレビ東京こそ、これまで50年に渡ってジャニーズ事務所とベッタリと蜜月関係を続けてきた民放の代表格なのである。

そのベッタリさ加減をお話しする前に、ごくごく簡単にテレビ東京とはどんな放送局なのかを説明させていただきたい。

今でこそテレビ大阪以下の系列局を抱える〝キー局〟としての立ち位置を築いているテレビ東京だが、アナログテレビ放送時代、系列キー局（親局）としては民放唯一のＶＨＦ（超短波）局で、他の民放キー局（日本テレビ・ＴＢＳテレビ・フジテレビ・テレビ朝日）はすべてＵＨＦ（極超短波）であったことから、単なる関東ローカルの放送局、今の東京ＭＸテレビが少し放送エリアを拡げた程度の感覚の〝小〟テレビ局だった。

ちなみにＶＨＦとＵＨＦでは電波の周波数が違うので受信アンテナも違っていた。要するにテレビ東京の番組を見たければ、専用のアンテナを用意するか、最初からＶＨＦアンテナが組み込まれたアンテナセットを立てる必要があったのだ。

「もともとは〝財団法人日本科学技術振興財団〟がテレビ事業本部を立ち上げ、国から〝科学技術教育番組60％、一般教養番組15％、教養・報道番組25％を放送する〟という条件で１９６４年に開局した科学チャンネル。しかも財団が母体となって設立された科学技術学園工業高校（現 科学技術学園高校）の授業放送をメインとして行う、教育番組専門局として開局した局です。それが１９７３年、株式会社東京12チャンネルに商号（社名）を変更し、一般総合局へのチャンネル変更を目指した。その数年前からバラエティ番組やドラマの制作にも乗り出していたものの、関東ローカルで系列局や提携局も少ない12チャンネルにタレントを貸し出す（出演させる）芸能プロダクションも少ない中、〝テレビの時代がやって来る〟と確信したジャニーさんが、フォーリーブスの単独バラエティ、今でいう〝冠番組〟的な番組に彼らを貸し出してくれたのです」（Ｔ氏）

それが１９７２年4月クールから１９７５年1月クール（最終回は3月末）までゴールデンタイムで放送された『歌え！ヤンヤン！』で、この後、たのきんトリオ、シブがき隊、少年隊までの世代が積極的に出演するバラエティ番組『ヤンヤン歌うスタジオ』。男闘呼組の前田耕陽と光ＧＥＮＪＩがレギュラー陣に加わった『歌え！ アイドルどーむ』。少年隊・植草克秀がレギュラーの『歌え！ ヒット・ヒット』。ＳＭＡＰやジャニーズJr.がレギュラー出演する『歌のビッグファイト！』など小刻みに番組が繋がれていき、ついにＹａ-Ｙａ-ｙａｈ、ＮＥＷＳ、Ｊ.Ｊ.Ｅｘｐｒｅｓｓなど今も現役でジャニーズ事務所に所属するタレントが大挙出演していた真の冠番組『Ｙａ-Ｙａ-ｙａｈ』が始まる。

「いかがですか？ 12チャンネルがテレビ東京に変わったのは１９８１年ですが、その変革の時代を通し、常にテレビ東京はジャニーズ事務所におんぶに抱っこだったのです。『歌え！ ヤンヤン！』から50年以上、テレビ東京はジャニーズ事務所のお陰で存続してきたと言っても過言ではないのです」（Ｔ氏）

これだけの実例を挙げられると、Ｔ氏の言い分もよくわかる。

さらに言えば『Ｙａ-Ｙａ-ｙａｈ』の中でオンエアされたジャニーズJr.公開オーディション（２００４年８月）から山田涼介、森本龍太郎、橋本良亮、阿部亮平、深澤辰哉が輩出されたことも、ジャニーズ事務所とテレビ東京の蜜月ぶりの証だろう。

「ここでジャニーさんが……いや、主にメリーさんが凄いのは、テレビ東京での成功例と手法をもっと大きな民放キー局に持ち込み、テレビ界の支配を狙ったことです。各局均等に手を伸ばしますが、最も〝与し易かった〟のがテレビ東京と似たような〝教育テレビ系〟のルーツを持つテレビ朝日だったのです」（T氏）

次のエピソードでは、ジャニーズ事務所のテレビ支配の足掛かりとなった〝あの番組〟、そしてテレビ朝日との関係について触れていこう──。

ジャニーズJr.が〝商売になる〟ことを見抜いたテレビ朝日

「〝圧力〟という意味でいえば、芸能プロダクション最大手・渡辺プロダクションの系列からジャニーズ事務所が外れた直後は、民放各局は渡辺プロの無言の圧力を感じ、ジャニーズ事務所のタレントの起用を躊躇する（テレビ）局もありました。しかしそんな中でも旧・東京12チャンネル（現・テレビ東京）だけはフォーリーブス単独の番組を制作し続け、ジャニーズ事務所とテレビ東京の蜜月ぶりは続きます」

前項でも証言をいただいたが、1970年代中盤以降のテレビの歴史を肌で知る大御所放送作家のT氏は、「その関係に割り込むように入ってきたのがテレビ朝日だった」と言う。

「もともとテレビ朝日は（通称）材木町センター時代からジャニーズ事務所とは昵懇で、1970年代後半から90年代後半に六本木ヒルズの基礎工事が始まるまで、敷地内に二階建てのプレハブを設置し、そこをメインのレッスン場としてジャニーズ事務所に貸し出していたほどの関係です」（T氏）

補足させていただくと、現在は六本木ヒルズ・けやき坂の坂下に大社屋（本社機能及びスタジオ機能）を構えるテレビ朝日だが、現在の姿になったのは2003年から。それまでは現在のけやき坂から六本木通りに至る旧町名〝材木町〟に位置し、かつてギョーカイ人たちはテレビ朝日に向かう際、タクシーの運転手さんに〝材木町のテレビ朝日〟と行先を告げていたのだ。当時から敷地こそ広かったものの、今でも六本木ヒルズの一角を占める毛利庭園は現在のような美しさとは正反対で雑草も生え放題、旧毛利家の上屋敷跡だと胸を張るには申し訳のない有り様だった。

そんなテレビ朝日は1986年に本社機能と報道局を六本木一丁目のアークヒルズに移転。奇しくも同じ頃レジデンス棟には故ジャニー喜多川氏が入居してきて、そこが事実上〝最後の合宿所〟として機能することになる。

話を本筋に戻すと、テレビ朝日は本社機能を移転させたこの年、社内的には『ニュースステーション』の派生番組として『ミュージックステーション』をスタートさせる。

スタートから半年後、番組司会者の関口宏からその座を引き継ぐ形でタモリが2代目の総合司会に就任。ほどなくして光GENJIがレギュラー出演者に抜擢されたことをきっかけに、今に至るまでジャニーズのタレント自体が〝レギュラー〟のような扱いを受けている。

さて『ミュージックステーション』に関わる話題は次項で触れさせていただくとして、ジャニーズ事務所とテレビ朝日の間には、もう一つ、切っても切れないラインがある。

それが『8時だJ』『やったるJ』『裸の少年』『ガムシャラ！』など、ジャニーズJr.がメインで番組を仕切る系統だ。

「ジャニーズJr.メインの番組は、テレビ東京でも1990年代の後半に『愛LOVEジュニア』、2000年代には『Ya-Ya-yah』がオンエアされていましたが、テレビ朝日はデビュー後の低迷期にあったSMAPに『キスした？SMAP』を担当させ、SMAPがバラエティで〝使える〟ことを最初に証明してくれたテレビ局。さらに『8時だJ』はそのタイトル通り、ゴールデンタイムでジャニーズJr.が初めてレギュラーを持った異例の番組。後に『裸の少年』『ガムシャラ！』と継承されていったのも、各世代のJr.がバラエティに対する適性を見せてくれたからとはいえ、英断に近いテレビ朝日の番組編成があったから」（T氏）

さらにテレビ朝日は、自社の夏休み期間のイベント『テレビ朝日・六本木ヒルズ 夏祭り SUMMER STATION』の応援サポーターに、これまでMr.King vs Mr.Prince（現・King & Prince）、HiHi Jets、美 少年、少年忍者などのジャニーズJr.を起用。同時にイベント期間中、テレビ朝日が経営するライブホール〝EX THEATER ROPPONGI〟でジャニーズJr.

を中心としたライブイベントも行っている。

今年（2023年）の夏はフジテレビも『お台場冒険王』を復活させたが、規模や範囲こそお台場地区のイベントには劣るものの、ひと夏のイベントとなればその予算規模や経済効果、経営収益は凄まじい。まさにジャニーズ事務所とテレビ朝日は長年、強固な蜜月関係を構築してきたのだ。

「テレビ朝日はジャニーズJr.が〝商売になる〟ことを見抜いたけれど、テレビ東京はそこまで見抜けなかった。その差は大きいですね」（T氏）

さて次項ではジャニーズ事務所に対するテレビ局側の〝忖度〟問題について、先の『ミュージックステーション』にも触れながらお話ししていきたいと思う。

ジャニーズ事務所への〝忖度〟の実態

ではテレビ朝日系『ミュージックステーション』をはじめとした主に音楽番組において、ジャニーズ事務所側から他事務所の男性アイドルとの共演NG、あるいは番組制作サイドが共演させないように忖度していたなどの事実はあったのだろうか?

これについては「あった」としか答えようがない。

ただし、だ。私は他にお話ししたエピソードの中で、すでに定年退職した日本テレビ局員の証言として、コワモテで有名な芸能プロダクションの社長が某演歌番組のスタッフルームに理不尽なクレームを入れてきた事実をご紹介しているが、そこでも触れている通り、昭和の芸能界では芸能プロダクションとテレビ局サイドがやり合うのは日常茶飯事の光景だったし、競合するタレントや歌手と共演することになった際、それこそ生放送ギリギリまで「アイツ（競合相手）を出すな!」とクレームを入れ続けるプロダクションの数は両手でも足りない。

「たとえば自社の看板タレントのライバルが主演するドラマには〝ウチのタレント（役者）は出さない〟と宣言してくるプロダクションもありますし、もう少し賢いプロダクションの場合は、〝タレント（役者）は出してやるから番手を上げろ〟と、チョイ役のオファーを準主役クラスに引き上げる交渉を仕掛けてくるところもある。制作サイドとプロダクションはそんな丁々発止のやり取りの中で、お互いに一種の信頼関係が生まれるケースもあるのです。そして今回のジャニー喜多川性加害問題から派生したジャニーズ事務所のテレビ局支配について、当のテレビ界や芸能プロからほとんど声が上がらないのは、現場の人間全員に〝身に覚えがある〟からでしょう」（TBSテレビ・人気プロデューサー）

私も故ジャニー喜多川氏の性加害を擁護したり容認するつもりは一切ないが、こと〝忖度〟だ何だという話においては、ほとんどの芸能プロダクション、特に〝大手〟とされるところほど同じ穴のムジナとしか思っていない。

さて2023年9月7日のジャニーズ事務所記者会見における質疑応答では、失礼ながらあまりテレビ界の仕組みに詳しくない質問者が、元King & Princeの平野紫耀や神宮寺勇太らに代表されるジャニーズから『TOBE』への合流組、元SMAPのメンバーが所属する『新しい地図』、ジャニーズのアイドルグループと競合するボーイズグループJO1、BE：FIRSTなどがテレビ朝日系『ミュージックステーション』に出られるよう、ジャニーズ事務所が妨害行為を行わないように要請した。

これに対し新社長の東山紀之は『もちろん（妨害などしない）です』と言い切り、ジャニーズアイランド社長の井ノ原快彦は『（今）こういう立場になって、（今までに）何でこうなんだろう？ って疑問に思うことは結構あった』と、違和感があったことを明かしていた。

しかしあえてテレビ制作者側から言わせてもらえれば、そもそも『ミュージックステーション』は正味45分程度のそれも生放送であり、時間が無限にあるわけではない。出演するアーティスト、アイドルの枠（組数）は限られている。ジャニーズがその枠の一つを占めていれば、競合するタレント、アイドルには番組側から声をかけないだけなのだ。まあ、それを〝忖度〟というのかもしれないが……。

つまり問題があったとすれば前項で軽く触れさせていただいたように、1980年代後半の光GENJIレギュラー出演から延々と引き継がれた〝ジャニーズタレントのレギュラー出演〟であり、なぜ光GENJIが解散してもジャニーズ事務所の〝レギュラー権〟だけが残ったのか？……なのである。

また質問者の方はご存知なかったのかもしれないが、〝JO1〟が所属するプロダクションは吉本興業の子会社で、『M-1グランプリ』をオンエアするテレビ朝日系列（制作は大阪朝日放送）からは、そもそも「ジャニーズへの忖度でJO1さんは出演させられません」などと言える相手ではないのだ。

1980年代、テレビ界は空前の歌謡曲ブームの最中にあった。

牽引したのは1978年スタートの『ザ・ベストテン』（TBS系）、1981年スタートの『ザ・トップテン』と後継番組の『歌のトップテン』（ともに日本テレビ系）など「ランキング」形式の歌番組だった。フジテレビには1968年スタートの老舗歌番組『夜のヒットスタジオ』があったものの、1980年代、テレビ朝日には看板となる歌番組が制作されていなかった。

そこに登場したのが（当時は）後発の『ミュージックステーション』だったが、他局の歌番組と比べ、圧倒的に特色に欠けていた。

「『ベストテン』と『トップテン』はヒット曲ランキング、『夜ヒット』は生バンドや生オーケストラをバックに、司会の井上順、芳村真理との軽妙なトークが魅力的でした。しかし後発の『Mステ』には大きな売りがないところに、当時はフォーク系・ロック系ミュージシャンの〝歌番組出演拒否〟が珍しくなかった。そこでテレビ朝日側は、思い切って若年層の視聴者をターゲットに絞り、当時は人気絶頂の光GENJIが〝毎週見られる〟ことをウリにしたのです」（元『Mステ』担当作家）

ところが1980年代末期から1990年代初頭にかけて、テレビ界から続々と〝時代を作った〟歌番組が1年間の間に姿を消していく。『ザ・ベストテン』『歌のトップテン』『夜のヒットスタジオ』の順で打ち切られていったが、後発の『ミュージックステーション』はジャニーズレギュラーのお陰で延命する。

「決して好視聴率をキープしたわけでもありませんし、毎週ジャニタレばかり出演する批判も寄せられていました。しかし民放キー局のゴールデンタイムに唯一生き残った歌番組の価値は大きく、フジテレビも1994年に『HEY！HEY！HEY！MUSIC CHAMP』をスタートさせますが、ダウンタウンをMCに使う以上、音楽よりもトークを厚くせざるを得ず、そこは視聴者の棲み分けができていました。こうしていくつもの時代の荒波を乗り越えた『Mステ』とジャニーズ事務所の絆は、年を重ねるごとに強くなっていった。ただし今回の問題で、今後はジャニーズの出演もグッと減るでしょうがね」（同元『Mステ』担当作家）

皆さんいかがだっただろう。

これがいわゆる〝忖度〟の実態なのだ。

第4章

ジャニーズJr.黄金期

オーディションの実態と滝沢秀明の発掘

いきなりで恐縮だが、皆さんが〝ジャニーズあるある〟を挙げるとしたら、最初に浮かぶ〝あるある〟は何になるだろう?

……そんなことを考えたとき、誰もがトップ5までに挙げそうな〝あるある〟が、「(オーディションに)応募したのはお姉さんとかお母さん、親戚のお姉さん」あるあるではないか?

女性アイドルの多くが〝好きな食べ物〟を尋ねられると「イチゴ」あるいは「イチゴのパフェ」などと答えるのと同じように、ジャニーズJr.として志望動機に関する模範解答が〝家族や親族女性の推薦応募〟なのだそうだ。

「どこまでが亡くなったジャニーさんの真意なのかはもう確認できませんが、生前のジャニーさんに〝何でみんな同じこと(志望動機)を言うの?〟と尋ねた先輩の作家によると、『そう答えることによって自分の弟や息子、従兄弟の男の子を応募しようと考える人が増える。応募してくる志望者は多ければ多いほうがいい。また身内を推薦するにしても、女性の目から見て〝この子はジャニーズっぽい〟と、思わせてくれる子に可能性を感じる。それにいざとなると応募をためらう子も出てくるので、お姉さんやお母さん、親戚の女性にお尻を叩いてもらいたい』――と、答えてくれたそうです」（人気放送作家）

しかし実際にはジャニー喜多川氏が存命中のジャニーズJr.の場合、ジャニーズJr.オーディションはテレビ番組やイベントの企画を除き、定期的（スケジュール通り）に開催されるものではない。毎年何万通と送られてくる履歴書（プロフィール）から一定数の原石たちが揃った際、ジャニー氏が「そろそろオーディションを開こう」と号令をかけるもの。だからこそ故ジャニー喜多川氏のセンスが光るのだ。

「そうはいっても東山紀之は渋谷・公園通りでの路上スカウトですし、ＫｉｎＫｉ Ｋｉｄｓも実際には関西圏の芸能関係者の紹介。Ｈｅｙ！Ｓａｙ！ＪＵＭＰの複数メンバーは子役からスカウトして便宜的にオーディションに参加させただけですし、平野紫耀は元ジャニーズのダンス講師の紹介。ジェシーも元ジャニーズJr.のハーフタレントが、ジャニーさんから『友だちのハーフを紹介して欲しい』と頼まれ、連れてきたのが入所の経緯。さらに長瀬智也や三宅健のように履歴書だけでオーディションを免除されたメンバーなど、デビュー組の中には多くのスカウト組が含まれています」（テレビ朝日関係者）

これはまず知られていないが、現在某大手プロダクションの〝看板〟を務める50代中盤の某有名タレントは、中学2年生の夏休みに原宿でジャニー氏にスカウトされ、近くの合宿所でシャワーを浴びた経験があるという。

「当時、北関東に住んでいた彼は、芸能プロにスカウトされるために週末になると原宿まで上京し、竹下通りや代々木公園のホコ天をウロウロしていたそうです。そこで彼曰く〝小さくて優しそうなオジさん〟に声をかけられ、竹下通りをクレープを食べながら歩いたそうです。すると『汗かいたでしょ？ ジャニーズの合宿所がすぐそこにあるからシャワーを浴びにくれば？』と誘われ、素直について行ったとか。その後、シャワーを浴びていたら裸のジャニーさんがシャワー室に入ってきたので、怖くて逃げ出したそうです」（ベテラン放送作家）

この当時、すでに故ジャニー氏は50才前後。この〝未遂〟有名タレントの名前は出せないが、精一杯のヒントは出しているので想像して欲しい。

かなり貴重かつリアルなこのエピソードは、ベテラン放送作家氏が、酔った本人から直接明かされた話らしいが、この少年は同年、現在も所属する大手芸能プロのオーディションに合格し、翌年には北関東から上京してタレントデビューに備えたという。

もしあのとき、ジャニーさんに誘われるまま身を委ねていたら……。

時代的にはシブがき隊のメンバーに抜擢されていたかもしれない。

さてデビュー組の多くが、そんな〝オーディション〟とは名ばかりのスカウト、出来レースでジャニーズ事務所に入所しているのは事実だが、自らの意思で履歴書を送り、幼少からの貧困体験が成功の原動力になったタレントもいる。

滝沢秀明氏――その人のことだ。

「滝沢氏の両親は幼少期に離婚し、母と3人の子どもの生活はかなり困窮したそうです。母は子どもたちを育てるために朝から晩まで働いたものの、滝沢氏は真冬でもタンクトップ1枚と短パンしか着るものがなかったそうです。貧困から抜け出すために仕事を探し、子どもができる仕事として子役もどき（芸名・指田秀明）の仕事をしたり、中学生になるとプロレスラー・大仁田厚の追っかけをしながらプロレスラーを目指してみるが、体格的に練習生の応募条件にも満たず、目標を芸能界で成功して貧困から脱却することに切り替え、数々の芸能プロダクションに履歴書を送り、最初に声がかかったのがジャニーズ事務所だったそうです」（テレビ朝日関係者）

滝沢には芸能界で成功して貧困から抜け出すシリアスな目標があり、オーディション参加時は13才だったものの、他の志望者とは明らかに目の色が違っていたという。

そして滝沢秀明という〝逸材〟の加入により、ジャニーズJr.は激変。それまでのジャニーズJr.はバックダンサーが主な役割だったが、滝沢をメインに単独コンサートを行えるようになり、テレビのバラエティ番組でもゴールデンタイムを含む3本の冠番組が同時期にオンエアされるなど、故ジャニー喜多川氏の期待を遥かに超える『ジャニーズJr.黄金期』が到来する。

ジャニー氏があのとき、真っ先に滝沢に連絡していなかったら、滝沢と同時期にジャニーズJr.に在籍していた嵐以降、Ｔｒａｖｉｓ Ｊａｐａｎまでのデビュー組は存在していなかったかもしれない。

ジャニーズ事務所にとってそれほど滝沢秀明の発掘は、間違いなく事務所の歴史に刻まれるエポックメイキングな出来事だったのだ。

「ジャニーズJr.黄金期」を作り上げた滝沢秀明が〝望んだ道〟

「こんなことを言っては何ですが、亡くなったジャニーさんは家庭環境が複雑な少年を可愛がる傾向がありました。中学卒業後、集団就職で和歌山から名古屋に出て、その後、勤め先をバックレて大阪在住の兄の下に身を寄せていた北公次。推定2才のときに親に捨てられ、児童養護施設で育った経験を持つ豊川誕。東山紀之新社長も滝沢秀明TOBE社長も、幼少期に実親の離婚を経験している。ジャニーさんは家庭環境が複雑な少年たちほど〝強い〟と評価し、『逆境を乗り越える力を持っている』とも話していました。そこには自身とメリー氏もアメリカで生まれ育ち、肌の色で差別された経験も少なからず影響しているのでしょう」（テレビ朝日関係者）

若き日の滝沢秀明少年の強さ、そして潜在的なリーダーシップを見抜いた故ジャニー喜多川氏は、大胆にも15才の滝沢秀明少年をジャニーズJr.のリーダーに指名する。

「その当時ジャニーズJr.は東京だけで120人はメンバーが在籍していたといいます。滝沢くんの同期は盟友の今井翼くんと屋良朝幸くんですが、岡田准一くん（すでにV6のメンバー）、大野智くん、櫻井翔くんなども、1年ちょっとの間に前後して入っている。また滝沢くんは入所翌年、すでに関西ジャニーズJr.オーディションの審査員も務めていて、渋谷すばるくん、丸山隆平くん、横山裕くん、村上信五くんを合格させています。もちろん滝沢くんが独断で合否を決められたわけではないでしょうが、ジャニーさんの滝沢くんに対する寵愛と英才教育ぶりを示すエピソードです」（同テレビ朝日関係者）

さらにその年（1996年）には生田斗真、松本潤、二宮和也、相葉雅紀、山下智久らがジャニーズJr.に入所し、1997年には風間俊介、安田章大、錦戸亮、大倉忠義が。1998年に長谷川純、五関晃一、上田竜也、増田貴久、中丸雄一、亀梨和也、藤ヶ谷太輔、塚田僚一らが入所。滝沢秀明少年は彼らを率いてジャニーズJr.黄金期を作り上げる。

「ジャニーさんからは〝リーダーシップがある〟と評価されていた滝沢くんですが、本人は『本来、静かで隅っこにいるタイプだし、人前に立つことも苦手』と明かしたことがありました。そんな性格でもジャニーズJr.のリーダーをやり遂げることができたのは、『リーダーになれる目の前のチャンスを一度でも逃がすと、100人以上もJr.がいるんだから、自分がリーダーになれる順番は二度と巡ってこないかもしれない』――と、自分を追い込んで結果を出す性格だったからでしょう」（同前）

それほど故ジャニー喜多川氏の寵愛を受けていた滝沢秀明少年だったが、当時の人気を考えると「嵐のメンバーに入っていない（デビュー組じゃない）のはおかしい」などと、ファンからの抗議がジャニーズ事務所に殺到したとも聞いている。

「滝沢くんはJr.のリーダーでしたから、失礼ながら格下のメンバー（Jr.当時）とユニットを組ませたくなかったのと、嵐はワールドカップバレー案件ですから、すぐさまジュリー景子氏のプロデュース下に置かれることになる。滝沢くん自身、ジュリーさんのプロデュース力を一切信用していなかったので、その気持ちを聞かされていたジャニーさんは、最初から滝沢くんをジュリーさんに預けるつもりがなかったようです」（同前）

滝沢秀明氏と藤島ジュリー景子氏の確執は、何とこの頃から始まっていたのだ。

「すでに10代後半から滝沢くんは『アイドルを長くやるよりもアイドルを送り出す側に回ったほうが長く稼げる』と、場合によっては〝CDデビューしなくてもいい〟と考えていたようです。しかし滝沢くんはジャニーズ事務所にとって〝Jr.でも商売になる〟ことを気づかせてくれた功労者ですし、性癖の部分でいえば第二次性徴を迎えた途端に興味がなくなるショタコン（小児性愛者）のジャニーさんにとっては、いくら寵愛していても〝滝沢くんは年を取りすぎている〟存在。その意味でも滝沢くんはジャニーさんにとって〝別格の扱い〟だったのです」（同前）

当時、私も実績と比較してあまりにも不遇な滝沢秀明氏を同情していたが、約20年後に答え合わせをしてみると、すべてご本人の望んだ道だったというわけか。

ジャニーズの分岐点となったジャニーズJr.『特急投球コンサート』

ジャニーズJr.の歴史において3回目の単独ドームコンサートとなったのが、今年の7月16日と17日に大阪・京セラドーム大阪で、8月19日と20日に東京・東京ドームで開催された『ALL Johnnys' Jr. 2023 わっしょいCAMP! in Dome』だった。

「それまでに行われていたジャニーズJr.の単独ドームコンサートは、まず1999年10月9日、デビュー直前の嵐が『A・RA・SHI』をファンに生お披露目した『特急（109）投球（109）』コンサート、次いで2019年8月8日、SixTONESとSnow Manの同日同一CDシングルデビューが発表された『ジャニーズJr.8・8祭り〜東京ドームから始まる〜』の2回でした。ともに東京ドームでの1公演のみでしたが、今回は大阪と東京で4日間・4公演も行われたので、行きたいファンの大半がどこかの回に入ることができました。しかも東京ドームの2日目、つまり千秋楽は生配信も行われたので、全国のファンは会場に参加できなくても見守ることはできた。それから10日後、20日後にあんな嵐（性加害問題）が吹き荒れるとは想像もしてなかったでしょうけど……」（人気放送作家）

今回、2023年のドームコンサートの場合、東京Jr.からはHiHi JetsもしくはHiHi Jetsと美 少年の混成ユニットが、関西Jr.からはAぇ! groupが、ともにCDデビュー確定のように噂されていたので、否が応でも注目されていた。

それに輪をかけたのが、東京ドームでのコンサート1週間前、突然千秋楽の生配信が決定したこと。

「これはもうJr.からのデビュー発表のための生配信に違いない!」とするファンと、どうしてもジャニーズJr.の東京ドームコンサートといえば良くも悪くも滝沢秀明氏のイメージが強いので、逆に「Jr.を捨てて会社(ジャニーズアイランド社)を辞めたタッキーと同じこと(デビュー発表)は、イノッチ(井ノ原快彦ジャニーズアイランド現社長)にはやって欲しくない」の声も上がっていた。

2019年8月8日の『ジャニーズJr.8・8祭り～東京ドームから始まる～』は、本当に〝特別〟なコンサートだった。約19年ぶりとなる東京ドームでの単独公演に、何と330人のジャニーズJr.が集結。公演中にはSixTONESとSnow Manが、2020年(1月22日)にジャニーズ史上初となる2グループ同日同時デビューという大サプライズが発表された。

「この年の7月9日、ジャニー喜多川氏は渋谷区広尾の日本赤十字社医療センターで約3週間の入院治療の末、解離性脳動脈瘤破裂によるくも膜下出血で死亡します。その病床でＳｉｘＴＯＮＥＳとＳｎｏｗ Ｍａｎのデビューをジャニーさんが認めた話が当時は美談にもなりましたが、関係者によるとジャニーさんは自宅から緊急搬送された時点からほぼ意識がなく、仕事以外はつきっきりだった中居正広や堂本剛とも会話を交わせるような状態ではなかったといいます。〝そんなジャニーさんが滝沢氏やＳｉｘＴＯＮＥＳ、Ｓｎｏｗ Ｍａｎのメンバーを集めてデビューを指示するなどあり得ない、デビューは滝沢氏の独断専行に違いない〟と藤島ジュリー景子氏は疑ったと聞いています。このときのジャニーさんにはデビューの決定権がなかったため、可愛がっているJr.をデビューさせるために滝沢氏が美談仕立てにしたのではないか?……と。ジュリーさんは滝沢氏を疑い続け、ズルズルと続くその確執が決定的な要因となって滝沢氏は〝恩人・ジャニー喜多川のいない〟ジャニーズ事務所から離れたという話です」（同人気放送作家）

これまでにもお話ししてきた通り、滝沢秀明氏にとって東京ドームでのジャニーズJr.コンサートは何よりも特別なイベントだった。

自身がジャニーズJr.のリーダーとなり、ジャニーズJr.人気を不動のものとした〝第1次ジャニーズJr.黄金期〟の象徴こそが、世間に「ジャニーズJr.が単独コンサート? しかも東京ドームで!?」とサプライズを起こした『特急（１０９）投球（１０９）コンサート』であり、タレントから経営者に転じ、初めてジャニーズJr.から送り出すデビュー決定の報は、何としても自身で復活させる東京ドームコンサートでなければならなかったのだ。

「１９９９年の初めての東京ドームコンサートは、滝沢氏ら当時のジャニーズJr.たちが本当の意味での全国区になる象徴かつ足がかりで、翌年ＴＢＳテレビで始まる『ガキバラ帝国２０００！』は形を変えながらも脈々と受け継がれ、現在の『櫻井・有吉ＴＨＥ夜会』のルーツとも言える存在になりました。ジャニーズJr.の黄金期は、後のジャニーズ事務所、ジャニーズタレント、ジャニーズJr.に大きな影響を及ぼす分岐点にもなったのです」（同前）

続いてはそんなジャニーズJr.黄金期に〝東のタッキー、西のすばる〟とまで呼ばれた元・関ジャニ∞の渋谷すばるが所属していた、関西ジャニーズJr.について触れていきたい。

関西ジャニーズJr.の創立と不遇時代

基本的に故ジャニー喜多川氏は関西人、いや関西弁が好きなのだろう。

ジャニーズ事務所草創期の北公次（フォーリーブス）や1970年代の豊川誕、川崎麻世。1980年代の佐藤アツヒロ（敦啓 光GENJI）、1990年代には城島茂（TOKIO）、KinKi Kids、岡田准一（V6）らがデビューを果たすと、2000年代以降も関ジャニ∞、中山優馬、ジャニーズWESTまで、Jr.時代から故ジャニー喜多川氏がデビューに関わった〝関西メンバー〟の名前がズラリと並ぶ。

こうして見るとジャニー氏は、関西人云々ではなく〝関西弁でイジられるのが好き〟だったのではないだろうか？ 直接ツッコまれたり、本人不在でもネタにされたり。川崎麻世にあまり可愛がられていた印象がないのは、彼は大阪時代から将来の上京を見越し、標準語を話す練習をしていたからだろうか。

「そんな関西ジャニーズJr.を今はジュリーさんが統括し、プロデュースは大倉忠義くんはじめ、関ジャニ∞のメンバーに任せている。デビュー組のKing & Prince・永瀬廉くん、なにわ男子はジャニーズ事務所全体の一推しや二推しですし、今の関西ジャニーズJr.にはAぇ! group、通称リトかんこと〝Lil かんさい（リトルかんさい）〟、Boys be、AmBitiousなど、次々と有望なユニットが誕生しています」（カンテレ制作部スタッフ）

ところで〝関西ジャニーズJr.〟自体はいつ創立されたのだろう?

ジャニーズ事務所はそのあたりがあやふやで、「岡田准一がテレビ番組のオーディションに合格してから」「KinKi Kidsが結成されてから」など様々な説があるが、確かなのは1994年にTOKIOのメンバーとしてCDデビューを果たした城島茂が奈良県から上京して合宿所に入った1986年には、まだ関西ジャニーズJr.はなかったこと。また次項でお話しするKinKi Kidsもレッスンのたびに上京していたので、そもそも関西ジャニーズJr.が本拠地ではない。

「ずっと関西のテレビ界で働いている身としては、体感として1996年頃からではないかと思います。今の関ジャニ∞のメンバーと関ジャニ∞を脱退した3人を加えた8人が関西ローカルのテレビ番組に出始めた頃、さらに舞台『KYO TO KYO』が1987年と1988年に上演されたことを考えても、〝前年の1986年には本格的なレッスン場や専任スタッフ、メンバーオーディションを開いていたのでは?〟と思います。あまりちゃんとは覚えてないのですが、いつの間にか関ジャニ∞の後ろに関西ジャニーズJr.として後輩たちが並んでいた。それゆえ関ジャニ∞の面々、中でも横山裕くん、村上信五くん、渋谷すばるくん、丸山隆平くんが1期生にあたるのでは?」(同カンテレ制作部スタッフ)

その4人を輩出したオーディションには滝沢秀明氏が審査員の一員として関わっていたことはお話し済みだ。つまり滝沢氏は〝イコール関西ジャニーズJr.立ち上げ〟にも関わったようなものか。

さて、そんな関西ジャニーズJr.たちは、長らく〝不遇〟の時代を過ごしていた。

関ジャニ∞のデビューは2004年8月25日、しかしご記憶の方も多いかとは思うが、このデビュー曲『浪速いろは節』は当初、関西地区限定販売のインディーズシングルだった。たとえ1ヵ月後には全国販売になったとはいえ、〝デビューはインディーズ〟の事実は変わらない。

この頃、横山裕は嵐・相葉雅紀を連日連夜、ヤケ酒につき合わせていたという。

「そんな関ジャニ∞の次に関西ジャニーズJr.からジャニーズWESTがデビューするまで10年かかっていますし、メンバーの桐山照史が関西ジャニーズJr.入りしたのは2002年。途中でデビューを諦めていてもおかしくはない年月ですし、中間淳太の関西Jr.入りも2003年。この頃の関西ジャニーズJr.は、東京からは〝忘れられた〟存在に等しかった」(同前)

しかもジャニーズWESTの苦難は、デビュー発表後も続くことになる。

2013年12月31日の『ジャニーズカウントダウンライブ』で発表されたメンバーは、中間淳太、桐山照史、重岡大毅、小瀧望の4人のみ。グループ名も〝ジャニーズWEST4〟とされていた。

「その後、すぐに〝ジャニーズWEST〟に変更されていますが、2014年2月のデビュー主演舞台『なにわ侍 ハローTOKYO!!』初日直前の会見で、濵田崇裕・神山智洋・藤井流星の3名がグループに加わり、7人体制で活動することが発表されました。最初のメンバー4人が故ジャニー喜多川氏に直訴して3人の追加加入を認めてもらったそうですが、ジャニーズの歴史の中で、おそらく初めて〝直訴〟が通った。しかしそもそもは2013年の秋に出演した舞台の最中、本人たちには7人でのデビューが伝えられていたそうで、二転三転してカウントダウンコンサートでの発表に至ったそうです。よって直訴ではありますが、悪いのはメンバーを振り回した大人たち、特にジャニーさんの責任ですよ」(同前)

ジャニーズWESTのデビュー後、事実上、関西ジャニーズJr.のトップユニット・Kin Kanから平野紫耀が、なにわ皇子から永瀬廉が関西ジャニーズJr.から東京Jr.へと移籍。翌年(2015年)にはテレビ朝日のイベント『テレビ朝日・六本木ヒルズ 夏祭り SUMMER STATION』の公式応援サポーターとして、Mr.King vs Mr.Princeのメンバーに抜擢される。

「平野くんと永瀬くんは東京Jr.に移籍してからのデビューですが、2021年11月には関西ジャニーズJr.からなにわ男子が7年ぶりのデビュー。さらに先ほどもお話しした通り、今の関西ジャニーズJr.にはAぇ！group、Lil かんさい、Boys be、AmBitiousなど、デビューに相応しいJr.が東京に負けないほど在籍しています。中でもAぇ！groupは、人気メンバーの福本大晴が『（故ジャニー氏の）性被害には絶対に遭っていないので、安心して応援して欲しい』とシッカリと発言し、ファンの支持を集めています。大阪・関西万博は多少雲行きが怪しいですが、今後数年は関西が話題になる計画も多く、関西ジャニーズJr.にスポットが当たりそうです」（同前）

そうなると先輩のKinKi Kidsも負けてはいられまい。

ＫｉｎＫｉ Ｋｉｄｓへの寵愛ぶりと破格の待遇

ＳＭＡＰの冠番組『キスした？ＳＭＡＰ』の初回オンエア（１９９３年４月４日）で正式に『Ｋｉｎ Ｋｉ Ｋｉｄｓ』というグループ名が与えられ、それから４年もジャニーズJr.に〝留め置かれた〟堂本光一と堂本剛。

「当時はＫｉｎＫｉ Ｋｉｄｓがいつデビューするのか不思議でした。だって１９９７年７月21日に『硝子の少年』でＣＤデビューする以前からドラマの主演をバンバン務め、ＫｉｎＫｉ Ｋｉｄｓとしてもゴールデンタイムにバラエティの冠番組を持つほどの売れっ子で、後に当時まだ公表されていた高額納税者番付の芸能人部門にランクインしたほど稼いでいましたからね。それまでのジャニーズJr.の価値観を根底から覆したという意味では、いくら滝沢秀明氏が第１次ジャニーズJr.黄金期の立役者とはいえ、ギョーカイ内ではＫｉｎＫｉ ＫｉｄｓのJr.時代のほうがインパクトが強かった覚えがあります」（フジテレビ音楽班スタッフ）

個人的に最も驚かされたのは、1996年にオンエアされた『Toki・Kin急行 好きだよ！好きやねん』（TBS系）だった。

確かに堂本光一とTOKIO・長瀬智也は同い年の友人であり、また堂本剛も長瀬とはストリートでゲリラライブを行うほどの信頼関係にあった。しかしだからといって、世間的にもジャニーズJr.のユニットに過ぎないKinKi Kidsが、すでに2年前にCDデビューしている先輩グループと横並びの冠番組を持てるなんて。1990年代の芸能界ではあり得ない出来事だった。

「〝あり得ない〟といえば、自局ながら1996年に『LOVE LOVEあいしてる』が始まったときは驚きました。あの吉田拓郎さんが、ジャニーズJr.との音楽バラエティのレギュラーを受けるなんて。あのときはさすがに〝ジャニーズって力持ってんだな～〟と思い知らされましたよ」（同フジテレビ音楽班スタッフ）

その意味でいえば、驚いたのは故ジャニー喜多川氏のKinKi Kidsに対する寵愛ぶりだ。

当時の番組担当者に聞くと、故ジャニー氏は自ら吉田拓郎宅を訪れ、KinKi Kidsのために頭を下げたというではないか。

しかもそのときジャニー氏は、楽器に触ったことすらほとんどなかったKinKi Kidsについて――

『拓郎さんとの出会いで音楽の楽しさと価値を知るはずだ』
――と、将来性を見越した発言すら残していたとも聞いている。
「その反面、なかなかCDデビューできないことに業を煮やした二人がジャニーさんに不満を漏らすと、『ユーたちが今やっていること（仕事）は、デビューしてるグループとどこが違うの？』――と問い返されたと聞いています。そう言われてしまうと、破格の待遇を受けていたKinKi Kidsの二人は何も言い返せませんよね。実際、待遇のすべてがデビュー組を凌いでいましたから」（同前）
故ジャニー喜多川氏ができるだけ長く自分の手元（管轄）に置いておきたかったJr.は、間違いなく当時のKinKi Kidsだったのだろう。

そんなKinKi Kidsの二人は、たまたま結構珍しい〝堂本〟という同姓だっただけで、オフィシャルでは堂本光一は「小学校6年生のとき、少年隊ファンの姉が勝手に郵送した履歴書がジャニー喜多川氏の目に留まり、ちょうど大阪で行われていた光GENJIのコンサートに直接電話で招待された」ことがきっかけでジャニーズに興味を持ち、再び横浜アリーナでの光GENJIコンサートを鑑賞した際、堂本剛と初めての顔合わせをした――そうで、堂本剛のほうも「小学6年生のとき、光GENJI・諸星和己のファンだった6才上の姉が本人の知らないところで履歴書を送り、それをピックアップした故ジャニー喜多川氏から光GENJIのコンサートに招待された」ことが、光一との初対面に繋がる横浜アリーナでの光GENJIコンサートだった——と記録されている。

そしてジャニーズJr.入りを決めた二人は、しばらくは平日は地元の中学校、週末は新幹線で東京に通い事務所のレッスンを受ける二重生活を続けながら中学3年生で東京の中学校に転校。当時はジャニーズJr.と呼ばれるレッスン生は10人程度しかいなかったが、ハードなレッスンや合宿所生活は充実していたという。

ちなみにこの時期に合宿所で生活していたのは二人に加え、井ノ原快彦と長瀬智也、少し遅れて岡田准一が上京している。

また確たる証拠までは出てこなかったのだが、かつて川﨑麻世を故ジャニー氏に紹介した平尾昌晃歌謡学院（現・ミュージックスクール）大阪校の関係者が、「関西に同じ名字で活動する子役タレントが二人います」と故ジャニー氏に資料を送ったことがきっかけで、堂本光一・堂本剛に並々ならぬ関心を持った——というのが、大阪の芸能スクール関係者の間で語り継がれる「KinKi Kids結成の真相」と言われていることも明かしておきたい——。

第5章

SMAP vs 嵐

ジャニー喜多川 vs メリー喜多川

私は本書の中で、2014年3月、二度目の代表取締役に就任した藤島ジュリー景子氏が、同年、故ジャニー喜多川氏の〝思いつき〟で結成されて大コケした挙げ句、今では〝ジャニーズの黒歴史2ページ目（1ページ目はもちろん故ジャニー喜多川氏による性加害）〟に掲載される『Sexy Family』の責任を取らせる形で、2015年以降、故ジャニー氏の〝特権〟でもあった「ジャニーズJr.をデビューさせる権」を剥奪したことを明かしているが、一つだけ解せないこともある。

それはジャニーズ事務所を渡辺プロ傘下で立ち上げた1962年以降、2014年当時ですでに半世紀以上も二人三脚で歩んでいたはずの故メリー喜多川氏が、いくら娘の判断、代表取締役の判断とはいえ、事前に「こう思っている」と相談があったであろうそのとき、なぜ〝デビュー権の剥奪〟に反対せずに同意したのか？……ということ。

「当時、故メリーさんの年齢は87才から88才に差しかかるあたりだったと記憶しています。さすがにもう現場への口出しが憚られる年齢とはいえ、ジャニーズの隆盛を築き上げたのは弟・ジャニー喜多川の審美眼、オーディションで原石を発掘し、育成する能力があったことを誰よりもわかっていたのはメリーさん本人。そのジャニーさんが〝育て上げたジャニーズJr.をデビューさせられない〟ことがどれほどのショックか、想像しなくてもわかる。ジャニーさんに匹敵する才能を娘の中に見出していたのか? あるいは〝そうあって欲しい〟と願っていたのか?……どちらかが理由でしょうが」(テレビ朝日幹部プロデューサー)

メリー喜多川氏本人が亡くなった今、その本心と思いは藪の中だ。しかし藤島ジュリー景子氏が最初に代表取締役を辞任した2008年以降、数年間に渡って母子関係が決して良くなかったことは、当時ジャニーズと仕事をしていた現場の幹部クラスならみんな知っている話。

だがここで合点がいったのは、後に滝沢秀明氏が2018年いっぱいでタレントを引退、故ジャニー氏の後継者的な立場でジャニーズJr.の発掘と育成、改革に乗り出したとき、やけにアッサリと故ジャニー氏から滝沢氏への全権委譲に同意した裏には、メリー氏の弟に対する〝負い目〟もあったのではないか──とする意見だ。

「公にはされていない……というかジャニーズ事務所内の〝タブー〟ですが、すでに2000年代に入ってから、メリーさんとジャニーさんの間には口喧嘩が絶えなかったと聞いています。メリーさんはジャニーさんの〝才能〟に対して、大きな引け目と嫉妬を抱いていた。そして何でも好き勝手に、

思いつきで物事を進めるジャニーさんを苦々しく思っていた」(同テレビ朝日幹部プロデューサー)

ジャニーズJr.に対する故ジャニー氏の〝扱い〟もそうで、それは性加害問題とは別の問題だが、故ジャニー氏は喫煙や飲酒を合宿所以外で行うJr.を嫌い、その現場が週刊誌報道等で発覚すると即座に〝謹慎〟という名の〝ジャニーズJr.からの追放〟を行っていた。もちろん未成年の喫煙や飲酒は法律違反ではあるものの、その後始末をすべて故メリー氏に押しつけてもいたのだ。

ちなみに故ジャニー氏が合宿所内での喫煙や飲酒を見逃していたのは、「外でそんな悪さをされるなら、外から見えない合宿所のほうがマシ」の気持ちもあったが、一番は「悪さをしている背徳感と秘密をJr.と共有したかったから」という、やや屈折した少年愛のなせるものと評する専門家もいる。

〝背徳感と秘密の共有〟の観点からすると、性加害、性被害もそれに該当するのかもしれない。

もっともこれは故ジャニー氏側の観点で、被害にあった側はそうは感じていないだろうが。

「メリーさんはジャニーズJr.に合格した少年の親御さんと定期的に面談し、事務所的な扱いはレッスン生ではあるものの、親御さんを安心させるためにか、将来に対するある程度の保証や責任を負うことを約束することもあったそうです。ところがジャニーさんは、そんなメリーさんの努力をすぐに水の泡にしてしまう。それでもJr.の発掘と育成はジャニーさんの才能によるものなので、メリーさんは我慢してつき合っていたようですが」(同前)

裏方には徹していたものの、裏方だからこそ抱く嫉妬やジャニー氏に対する不満、自分にはない才能そのものに対する劣等感が渦巻き、故メリー喜多川氏は故ジャニー喜多川氏を避けるように事務的な立場に没入していく――。

『SMAP vs 嵐』の代理戦争勃発

皆さんもあまりご存知ではなかったであろう故ジャニー喜多川氏と故メリー喜多川氏の確執や対立についてお話しさせていただいたが、過去にジャニーズ事務所内で最も激しい（陰湿な）対立と呼べるのは、後にSMAPのメンバー3人（稲垣吾郎・草彅剛・香取慎吾）と「新しい地図（CULEN）」で合流した元SMAPチーフマネージャーの飯島三智氏と、ジャニーズ事務所2代目社長・藤島ジュリー景子氏との間の覇権争い。

次にお話しする『SMAP vs 嵐』の代理戦争だったのではないだろうか。

「それまでにもジャニーズ事務所の二枚看板を担当する者同士、少なからず行きすぎたライバル意識はあったかもしれません。しかしジュリー氏はジャニーズ事務所の代表取締役でもありましたから、経営陣としてはSMAPが事務所にもたらせてくれる莫大な利益を捨てる、もしくは減らしてまで飯島氏と争うつもりは当初なかったのです。ところが2015年1月、故メリー喜多川氏が週刊文春の独占インタビュー（当時過熱していたSMAP独立報道に関して）を受けてしまい、事務所内にいた飯島氏をいきなり取材場所に呼びつけると、『SMAPは(嵐と違って)踊れないじゃない』『ジュリーと飯島が問題になっているなら、私は(娘の)ジュリーを残す』『ジュリーと対立するならSMAPを連れて出ていきなさい』――などと記者の面前で叱責、というか罵倒に近い言葉を浴びせ、それらの噂を否定するように、メリー氏に半ば強制されたのです。飯島氏はその一件で、完全にジャニーズ事務所から気持ちが離れてしまった」(SMAPの担当番組構成作家)

そしてちょうど1年間が経過した2016年1月、飯島氏はジェイドリーム社の取締役を辞任し、ジャニーズ事務所からも退社することが発表される。

「今でも鮮明に覚えていますが、当時の飯島氏は〝ジャニーズ事務所あってのSMAP、SMAPあっての自分〟の気持ちが強く、週刊文春インタビューの件で辞める決意はしたものの、〝1年間はジャニーズ事務所に恩返ししてから辞めよう〟と考えていたのでは――などと言われていました。ところがわずか半年後の2016年7月には『新しい地図』が立ち上がったので、実は辞めるまでの1年間を入念な独立準備にあてていたことがわかってしまった。しかもその1年間の間に、故ジャニー喜多川氏が持つ政財界の〝フィクサー人脈〟を譲り受けていたことも。つまり飯島氏の独立を、故ジャニー氏がサポートしていたことが簡単に浮き彫りになったのです。さすがにこれについては、故メリー氏もジュリー氏も、ジャニーさんに〝身内はこっちだ!〟と激怒したそうですけ

どね」（同SMAPの担当番組構成作家）

ただし故ジャニー喜多川氏は、姉と姪に対しての意趣返しの気持ちなどサラサラなく、SMAPメンバーの将来のためにサポートをしたようだ。

さてそんな飯島三智氏はもともと、こちらも昭和芸能界の実力者、元CBSソニーレコードプロデューサーの故・酒井政利氏の推薦でジャニーズ事務所に入社。ちなみに故・酒井氏は郷ひろみや近藤真彦の担当ディレクター、プロデューサーとしても知られていて、また故ジャニー喜多川氏、前ジャニーズ事務所副社長・白波瀬傑氏とは同好の士ともギョーカイ内では囁かれている。

「大学卒業後の飯島氏は故・酒井氏の紹介でジャニーズ事務所に入所し、事務員として働いていました。そんな中、若きSMAPメンバーとの電話連絡係からマネージャー職に配置転換を希望。当時SMAPの可能性を信じていたのは故ジャニー氏、SMAPリーダーの中居正広、飯島氏の3名しかおらず、ジャニー氏が中居に『飯島と相談して未来予想図を作るように』と指示すると、中居と飯島氏は『本気でバラエティ番組に進出したい』と直訴。故ジャニーさんも飯島氏もアイデアマンとしての中居の能力を高く買っていましたが、タレントとしてはジャニーさんが稲垣吾郎、飯島氏が香取慎吾を最も可愛がっていましたね」（同前）

バラエティ番組に本格進出した後のSMAPの活躍ぶりは、個人の俳優業、司会業を含め、ここで説明する必要もないだろう。

そんな飯島氏とジュリー氏が〝犬猿の仲〟などと陰口を叩かれるきっかけは、飯島氏がNEWSから脱退した山下智久のマネージメントを担当することになってからだ。

山下智久のソロコンサートツアーを香取慎吾が演出すれば、山下に続いてマネージメントを担当し始めたKis-My-Ft2も中居正広が〝舞祭組〟をプロデュース、リーダーの北山宏光を香取慎吾主演ドラマに主要キャストで送り込んだ。北山の確かな演技力に感心した飯島氏は、昵懇のTBSテレビプロデューサーに猛プッシュをかけ、話題作『家族狩り』でそれまでのイメージを一新させる芝居に成功。そうこうしているうちにSMAP・山下智久・Kis-My-Ft2・Sexy Zone・A.B.C.-Zのマネージメントも担当。ジャニーズ事務所を飛び越え、ギョーカイでも〝飯島派〟と呼ばれるようになっていく。

「当然、その対比語で〝ジュリー派〟も生まれ、二人が不仲じゃないと成立しない関係性が生まれたのです」(同前)

こうして生まれたマネージメントサイドのライバル意識は、2組の看板グループにどんな影響を及ぼしたのだろうか。

SMAPと嵐の〝本当の関係〟

さて、私は前項でSMAPのチーフマネージャーであった飯島三智氏、嵐のチーフマネージャーであった藤島ジュリー景子氏の対立についてお話ししたが、飯島氏 vs ジュリー氏のバックには、それぞれの後見人的立場で故ジャニー喜多川氏、故メリー喜多川氏の対立も絡んでいるところまではご理解いただけたことと思う。

そのマネージャー同士の覇権争いはいったん置いておいて、当のSMAPと嵐の〝本当の関係〟はどうだったのか。

皆さんがジャニーズ好きであろうとなかろうと、最も気になるところはそこの部分だろう。

〝vsシリーズ〟のトリはSMAPと嵐に飾ってもらい、さらにその後は故ジャニー喜多川氏とSMAP、嵐、それぞれとの関係について触れていきたい。

まず最初に結論的なことをお話しすると、2組はいい意味では単なる〝先輩後輩〟でしかない。

1991年デビューのSMAPと1999年デビューの嵐の間には8年のデビュー差があり、中居正広がよく「SMAPのバックについた最後の世代はKinKi Kids」とことさら強調し、また嵐のほうも櫻井翔が「俺たちの世代はV6のバックについて学ばせてもらった」と、さもV6こそが〝憧れの先輩〟的な物言いをするが、SMAPから見た嵐とは、あくまでも「1999年のバレーボールW杯でできたグループ」で、さすがに1999年時点でのSMAPはバックにジャニーズJr.をつけてはいない。

またKinKi Kidsは1993年4月クールから1996年7月クールに放送されていた『キスした？SMAP』（テレビ朝日系）初回放送からレギュラー出演していた〝最も身近なジャニーズJr.〟であり、ことあるごとに「下（後輩）はキンキまでしかわからない」というのも、言い替えれば「Jr.の名前なんてキンキまでしか認識してないよ」と、言いたいのだ。

「普通に時系列で考えれば、1994年にジャニーズJr.入りした大野智と1995年にジャニーズJr.入りした櫻井翔の二人については、コンサートに限らずあらゆる仕事の中で〝ただの一回もSMAPのバックについたことがない〟とは考え難い。そこは中居くんの先輩の意地というか、何かとライバル視されていた嵐のメンバーとは〝関わりや絡みがあったと思われたくない〟妙なプライドのような

ものでしょう」（人気放送作家）

対する嵐のメンバーにしても、おそらくはJr.時代、SMAPのメンバーにはほとんど相手にされていなかったのだろう。名前はもちろん覚えられていないし、時と場合によっては挨拶すら返してもらえなかったのでは。体育会系のジャニーズでは、デビューしていないジャニーズJr.なんてそんなものだ。

私はつい先ほど「2組はいい意味では単なる先輩後輩でしかない」と言わせていただいたが、悪い意味ではジャニーズJr.はデビューするまでは先輩たちの軽い〝イジメ〟の対象になりがちで、挨拶を返してもらえなかったり無視されるのもよくある話で、ある意味ではそれもイジメの一種と感じられるかもしれない。

「KinKi Kidsはジャニーさんの超お気に入りでしたから、SMAPも邪険には扱えない。下手に泣かせでもしてジャニーさんに言いつけられたら大変ですからね。しかし、まだ〝『嵐』にもなっていない〟ジャニーズJr.時代の彼ら……のちに櫻井翔が〝翼翔組〟に、松本潤・相葉雅紀・二宮和也が〝MAIN〟というユニットに抜擢されようと、中居くんから見て〝（このユニットじゃデビューは無理だろう）〟と思われたら、最初から名前など覚える気を持たれない。彼らを呼ぶときは〝おい〟とか〝お前〟呼びすれば十分だからです」（同人気放送作家）

ちなみに翼翔組の今井翼は中居にとっては地元藤沢市の出身中学（明治中学）の後輩、MAINの生田斗真は中居がMCを務めていた冠番組（『中居正広のボクらはみんな生きている』）のレギュラーだったので、覚えようとする前に覚えている。

「あと中居くんの性格にもよると思いますが、実は二宮和也くんだけは、中居くんの数少ない〝ジャニーズ飲みサークル〟の一人。それなのに決してそれを公にしないし、二宮くんも中居くんから『他では俺の名前を出すな』と言われていたそうです。といってもいつも国分太一くんが連れてくるだけなので、中居くんが連絡先を交換していたり、直接誘うわけでもありません。まあSMAPと嵐の関係なんて、先輩後輩以上でも以下でもない。そんな関係にガッカリしているのは、『キスした？SMAP』を見て、〝ジャニーズに入ればSMAPとバスケができる。仲良くなれる〟と勝手に思い込んで履歴書を送った相葉雅紀くんだけでしょう。新しい地図の3人なんて、嵐のメンバーとプライベートで言葉すら交わしたことがないハズ」（同前）

それがSMAPと嵐の本当の関係だったようだ。

そんな中でも、いつでもどこでも相葉雅紀の素直な天然ぶりは、殺伐とした芸能界をホッコリさせてくれる。

ジャニー喜多川が〝絶大なる信頼〟を置いていた中居正広の才能

故ジャニー喜多川氏は中居正広に〝絶大なる信頼〟を置いていたといわれている。ただしそれはアイドルやMCではなく、〝プランナー〟としての能力についてだった。

それは今から30年近く前、中居とマネージャーの飯島三智氏がSMAPと中居正広個人の未来予想図を描く中で情報番組のキャスターに目をつけ、故ジャニー氏に〝やってみたい〟と訴えたことが始まりだった。

「結果、中居くんはテレビ朝日が週末の23時台にオンエアする（当時の）新番組『サタデージャングル・サンデージャングル』の日曜日パート、『サンデージャングル』のレギュラー出演をゲットしました。今でこそ複数のジャニーズアイドルが情報番組のキャスターを担当するのは珍しくありませんが、当時はギョーカイでも〝ジャニタレがキャスターをやるなんて⁉〟と、大げさではなく驚天動地の驚きでした。みんな中居くんが〝喋れる〟こと、〝番組を上手く進行させられる〟ことは知ってはいても、まさかキャスターに進出するとは想像もしていなかったからです」（元テレビ朝日プロデューサー）

この『サタデージャングル・サンデージャングル』は1995年10月クールにスタートしているが、故ジャニー喜多川氏は中居と飯島氏が、それまでジャニー氏が想像もしていなかったジャンルを切り開いたことを大いに評価した。

「もちろん個人では俳優業を受けるつもりでもいたそうですが、中居くんは〝SMAP6人(※森且行の脱退は1996年5月)の個性の中で自分は何をすべきか?〟を考えた末、『バラエティ番組のMCやキャスターのジャンルを切り開いていきたい』と、ジャニーさんに直訴したそうです。それを聞いたジャニーさんは中居くんの自己分析能力や将来を見通す才能、それまでのジャニーズの常識を覆す〝フロンティアスピリット〟を強く感じ、その頼もしさに『ユーと飯島の好きにしなさい』と、自己プロデュースをする〝自由〟を全面的に与えたのです」(同元テレビ朝日プロデューサー)

後年、故ジャニー喜多川氏は――

『あのとき、中居を自由にさせたからこそ、後輩たちの可能性も広がった』

――と、高く評価していることを明かしたそうだ。

「しかし中居くんは2000年代の半ばすぎから、スポーツ(特にプロ野球)以外のキャスター業から手を引いてしまった。これは丸5年を越える『サンデージャングル』出演の中で、共演者の鳥越俊太郎氏(ジャーナリスト)、麻木久仁子氏(女優・キャスター)から〝キャスターをやるにはインテリジェンスとボキャブラリーが大切〟だということを学んだからです。両者とも一朝一夕に身につくものではありませんが、それでも中居くんは数少ない休日も自宅に籠り、特に鳥越さんから勧められた新聞や雑誌、文献などを読んで勉強を重ねました。そんな中居くんの前に現れたのが、慶應義塾大学経済学部卒業、嵐の櫻井翔くんという〝ライバル〟だったのです。中居くんは櫻井くんが出始めた日本テレビ系『NEWS ZERO（※2006年～2018年の番組タイトル表記）』をチェックしながら、『ガキの頃からの（勉強の）積み重ねはデカい』と、キャスターをやるにしても完全に〝スポーツ〟にジャンルを絞ったのです。まあ『サンデージャングル』も実質スポーツキャスターのようなものでしたけどね」（同前）

中居の高い能力の一つが、この〝機を見るに敏〟なところだ。相手が年下の後輩であろうと誰であろうと、結果的に「越えるまで時間がかかりそう」だと考えたら、そのジャンルはアッサリと捨てる判断を下せる。

故ジャニー氏も『中居はいい意味でこだわりがない』と評していたそうだが、中居の中ではそれは『勝ち負けの問題じゃない。適性の問題』で整理がついているようだ。

「それでもキャスターとしての櫻井くんをまったく意識していなかったわけでもなさそうです。それは中居くんが２００４年の夏季オリンピック（アテネ大会）から、夏季と冬季を通してＴＢＳテレビのオリンピックメインキャスターを務めれば（夏季は２０１６年リオデジャネイロ大会まで、冬季は２０１８年平昌大会まで）、櫻井くんも２００８年の北京大会から日本テレビのオリンピックキャスターに。中居くんが２０１３年開催の第３回ワールド・ベースボール・クラシックから侍ジャパン公認サポートキャプテンを務めれば、櫻井くんは２０１９年ラグビーＷ杯日本大会からラグビー日本代表のスペシャルサポーターにと、後を追うようにスポーツの国際大会に食い込んできたからです」（同前）

もちろんオリンピックやスポーツの国際大会のサポーターは中居正広の専売特許というわけではないが、もしジャニー喜多川氏が生きていたら、このような中居と櫻井のデッドヒートをどんな眼差しで見つめていただろうか。

ジャニー喜多川が〝嵐を買っていなかった〟理由

藤島ジュリー景子氏は櫻井翔に〝絶大なる信頼〟を置いているそうだ。

「ジュリーさんは『嵐の中で櫻井にだけは私から小言を言ったことがない』と周囲に話すほど、櫻井くんの優等生ぶりをいつも褒めています。でも〝それだけ〟なんですよね。かつて僕の先輩のプロデューサーが嵐を24時間テレビに起用したとき、ジャニーさんが〝嵐のことをあまり買ってなかった〟と聞いたんですけど、〝優等生すぎるから好きじゃないのかも〟……と、その先輩は言ってました。ジャニーさんは不良っぽい少年とか、〝反抗的だけどやることはやる!〟みたいな少年が好きらしいので」

日本テレビで過去に嵐の番組を担当したことがあるプロデューサー氏はそう話す。

実は今回の性加害・性被害騒動が大問題化する少し前から、

『なにわ男子とAぇ! groupでゴールデンのレギュラーをやりたい。企画書を出してもいいですか?』

——と、ジュリー氏から相談を受けていたそうだ。

「まぁ、今となってはすべてチャラになりましたから、どうやってお断りしようか頭を悩ます必要もないんですけど。ジュリーさんが嵐の活動休止以降、一番力を入れていたのがなにわ男子であり、そのなにわ男子と組ませることでAぇ！ｇｒｏｕｐをCDデビューさせる勢いをつけたがっていました。Aぇ！ｇｒｏｕｐのメンバーには正門良規、小島健、福本大晴、佐野晶哉とお気に入りが多いようで、いつも違うメンバーの話題を口にしてました。なにわ男子では西畑大吾くんと道枝駿佑くんの名前しか出さないのに」（同プロデューサー）

そんなプロデューサー氏は「9月に入ってすぐ、長尾謙杜くんがセクシー女優の自宅に通っていて、しかもKis-My-Ft2の千賀健永くんと三角関係って記事が出ましたよね？　あれを（断る）絶好の口実にしたかったところです。そのうちそのセクシー女優から何かしらの証言が飛び出したら大変なスキャンダルになるので、なにわ男子は怖くてしばらく使えない――と。そうしたらその翌日とかのタイミングでジャニーズ側の記者会見だったので、断り方を悩む必要もなくなったので正直助かりました」（同前）

プロデューサー氏の言葉の裏には、ジュリー氏からの要請を簡単には断れない、テレビ局とジャニーズ事務所の力関係を感じる。そこにあるのは圧力というよりもテレビ局側の〝一方的な忖度〟にも思えるが。

「これは個人的な意見ですが、ジャニーさんが嵐のことをあまり買ってなかったのは、すべてSMAPやTOKIO、V6など先輩グループの真似事、中でもSMAPの真似事しかしてこなかったからでしょう。グループの一人がMCで目立ち、他のメンバーは役者で高く評価される。大野智くんのアーティスト活動も、すでに香取慎吾くんが先鞭をつけている。確かに全盛期の嵐はSMAPと並ぶ二枚看板でしたが、そこに〝嵐にしかできない〟オリジナルは存在していなかった。またマネージャーとしてもジュリーさんは飯島さんの真似をしているだけ。SMAPを作り上げた飯島さんと、SMAPの真似をする嵐を担当するジュリーさん。亡くなったジャニーさんがどちらを買っていた、可愛がっていたかは一目瞭然でしょう」（同前）

嵐が唯一SMAPの後を追っていなかったのはデビューのきっかけだが、それもV6の後を追っただけ。

しかしそれに関しては、もちろんメンバーには一点の非もないが——。

第6章

〝スペオキ〟と呼ばれたメンバーたち

ジャニーズJr.の歴史に残る〝推されメンバー〟

大阪なんばを拠点とした〝48系〟のアイドルグループ・NMB48に、かつて〝Y〟という人気メンバーが在籍していた。

YはNMB48結成時の1期生メンバーで、同じく1期生の山本彩、渡辺美優紀とともに〝3トップ〟に数えられる中心メンバーの一人。現在では芸能界を引退し、自分のペースでノンビリとYouTubeに動画をアップしているようだ。チャンネル登録者数は5万人弱で、Yの全盛期を知るギョーカイ人の一人としてはやや寂しさを禁じ得ない。

しかし私がなぜ〝Y〟とアルファベットのイニシャルで表記しているのかというと、それはもちろん彼女が芸能界を引退した〝元〟アイドルだからではあるのだが、この〝Y〟の名字はジャニーズ事務所のクレームによって、半ば強制的に変えられたものでもあるからだ。

彼女がNMB48に合格直後に名乗っていた名字、それは『中山』だった——。

イニシャル〝Y〟こと山田菜々は、2010年にNMB48オーディションに合格する以前、〝中山菜々〟の名前で芸能活動を行っていた時期がある。大阪府大阪市在住の彼女は、ハロー!プロジェクト関西の4人組アイドルグループ〝SI☆NA〟のメンバーとして、2009年7月まで活動。ちなみにグループ名の〝SI☆NA〟は、メンバー4名のイニシャルを並べたもの(※須磨愛 岩嶋雅奈未 中山菜々 阿部麻美)で、故ジャニー喜多川氏の命名センスを彷彿とさせる。

そんな彼女は3人姉弟の長女かつ一番上で、弟(長男)に〝中山優馬〟がいることは皆さんもうご承知だろう。

「中山優馬が関西ジャニーズ入りしたのは2006年で、姉がハロプロ関西のオーディションに合格したのが2005年。つまり本名が〝中山〟で、母方の旧姓が〝山田〟であると思われます。まあ、2人が公式に言及したわけではありませんが」(大阪MBSラジオディレクター)

そんな彼女がNMB48のオーディションに合格したのは2010年で、先ほども触れているが、合格直後に公開されたプロフィールは〝中山菜々〟になっていた。

「おそらくは優馬自身も姉の名字が変更されるなどとは思いもせず、関西ジャニーズJr.担当者に〝姉が新しいアイドルグループに合格した〟とでも報告したのでしょう。当時の吉本(興業)関係者に聞くと(※NMB48は吉本興業系列)、すぐさまジャニーズ事務所から『姉と弟が同じ名字のままで活動するとすると自宅も特定されやすいし、何よりもファンが〝（お姉さんのコネで弟にメンバーを紹介するんじゃ？）〟と心配するから、そちらは芸名でやって欲しい。こちらの〝中山優馬〟は浸透してるから名字を変えられない』と、強い〝お願い〟があったそうです」（同大阪MBSラジオディレクター）

〝お願い〟ではなく立派な〝圧力〟と感じても不思議ではない。

確かにこの当時の中山優馬は関西ジャニーズJr.どころかジャニーズJr.の歴史に残るほどの〝推されメンバー〟だった。すでに関西ジャニーズJr.のユニット・ＴＯＰ Ｋｉｄｓから中山優馬ｗ／Ｈｅｙ！Ｓａｙ！７ ＷＥＳＴ、中山優馬ｗ／７ ＷＥＳＴ、中山優馬ｗ／Ｂ．Ｉ．Ｓｈａｄｏｗ、ＮＹＣ ｂｏｙｓ、ＮＹＣなどを歴任し、ＮＨＫ紅白歌合戦に出場もしているのだから。

「ユニット名に個人名が入るのはジャニーズ史上初ですし、中山優馬ｗ／Ｂ．Ｉ．Ｓｈａｄｏｗで従えていたメンバーが、中島健人、菊池風磨、松村北斗、髙地優吾。さらにＮＹＣの並びは〝ニューヨークシティ〟っぽくなってはいますが、中山優馬 山田涼介 知念侑李の並びで、ＣＤデビューしている〝先輩〟をも従えていた。さすがにここまで来ると、反発を招くほどの推されぶりです」（同前）

この当時の中山優馬への〝待遇〟から、ジャニーズ用語の一つでもある「スペオキ（スペシャルお気に入り）」が、一般へと浸透していったのだ。

故ジャニー喜多川氏の〝スペオキ〟中山優馬は、大学進学とともに2012年に上京。その年の10月には『Missing Piece』でソロデビューを果たす。関西ジャニーズJr.時代から数々の連続ドラマで主演を務め、さらに上京後は単発でのゲスト出演も精力的にこなしている。

「〝スペオキなのに〟というべきか、〝スペオキだから〟というべきか、故ジャニーさんの寵愛や事務所の史上最強クラスの猛プッシュとは裏腹に、今ではかつてバックに従えていたB.I.Shadowメンバーのほうが人気も知名度も高いし、今後、中山優馬がジャニーズの〝顔〟になれるほど売れる予感はしません。それはやはり故ジャニーさんのスペオキ度が高すぎて、ジャニーズファンの皆さん含めた一般視聴者には、中山優馬も性被害を受けていたかもしれない……と、いつまでも疑念が拭い去れないからです。姉と妹（元・NMB48メンバー／現・地下アイドル）を芸名に変えさせるほどの推されぶりはどこへやら。ジャニー喜多川氏が亡くなって以降、完全に失速してしまったジャニーズタレントの一人でしょう」（同前）

もっとも姉弟仲は周囲から「まるで恋人のようにベッタリ」と言われているほど良好らしい。

今では一般にも知れ渡るようになった〝スペオキ〟という名称を広く普及させるきっかけとなった中山優馬は、〝ジャニーさんお気にの推されメンバー〟としてジャニーズJr.の歴史に名を残している。

ジャニー喜多川に〝才能を認められた〟井ノ原快彦

この人の名前を〝スペオキ〟と聞くと、少々失礼な表現になってしまうが、多くの方は首を捻られるのではないか？

普段から故ジャニー喜多川氏とのエピソードを話すとき――

『〝ユーは本当にブスだね〟といつも言われていた』

――などと、自虐的なネタを挟み込むメンバー。

そう、現在ジャニーズアイランド社社長として、立派にジャニーズグループ経営陣の一角に自分の席を確保している、井ノ原快彦その人のことだ。

井ノ原は1988年、12歳の小学6年生でジャニーズ事務所に入所すると、約7年間の下積みを経て、1995年11月1日、バレーボールW杯のイメージソング『MUSIC FOR THE PEOPLE』でCDデビューを果たす。

「『MUSIC FOR THE PEOPLE』を引っ提げてデビューしたV6は、この後、嵐、NEWS、Hey! Say! JUMP、Sexy Zoneと5代目まで続く〝W杯デビュー組〟の初代ですが、唯一セールスチャートで1位が取れなかったデビュー曲（最高位3位）と、少し残念なデビュー曲ではありましたが、2021年11月1日に解散するまでの26年間で53曲のシングルCDを発売すると、1位33曲、2位10曲、3位9曲、最低順位が4位1曲と、スーパーアイドルに相応しい売上げを誇りました。ジャニーズアイドルだから〝目立たない〟だけですが、26年間の活動で最低順位が4位、それもわずか1曲ですから、普通ならば驚異的な売上げです」（TBSテレビディレクター）

また井ノ原が独自路線を切り開いていったのは、まずはフジテレビ系の子ども向け番組『ポンキッキーズ21』および『ポンキッキーズ』のMCを5年間（2001年4月～2006年3月）も担当したこと。井ノ原がZ世代にも認知度が高いのは、この『ポンキッキーズ』シリーズのMCを担当していたことが大きい（※Z世代が小学生に上がる前に見ていた）。

「さらに『ポンキッキーズ』が終了した翌年、V6からは第1号、ジャニーズアイドルとしては珍しく31才の〝若さ（?・）〟で女優の瀬戸朝香と結婚。さらに2010年3月最終週から、こちらも2018年3月最終週まで、NHK総合『あさイチ』初代キャスターを8年間も務め、近所で『あさイチ御殿』とも呼ばれるほど、立派な自宅を建てたこと。自宅云々はさておき、井ノ原くんは目立たないながらもジャニーズアイドルの〝パイオニア〟的な仕事、プライベートを叶えてきた。また井ノ原くんといえば嵐主演の『ピカンチ』シリーズ（『ピカ☆ンチ LIFE IS HARD だけど HAPPY』（2002年）『ピカ★★ンチ LIFE IS HARD だから HAPPY』（2004年）『ピカ☆★☆ンチ LIFE IS HARD たぶん HAPPY』（2014年）の原案担当ですが、これも故ジャニー喜多川氏のゴーサインを受けた藤島ジュリー景子氏が、プロデューサーとして手掛けた作品です」（同TBSテレビディレクター）

なぜ井ノ原ばかりがパイオニアになれてきたのか？

それは井ノ原が故ジャニー氏の自宅を訪れ、酒を片手に『こんなことをやってみたい』と夢を語り、それを故ジャニー氏が〝後押し〟してくれたから。井ノ原の発想やアイデアを故ジャニー氏が気に入り、実現に向けた環境を整えてくれた。


要するに井ノ原本人のルックス等が〝スペオキ〟なのではなく、〝自分に夢を聞かせてくれる、語ってくれる〟井ノ原の性格や言動が故ジャニー氏の〝スペオキ〟なのだ。

「それはイコール〝才能を認められた〟ことでもあります。ジャニーさんの性加害、少年愛は許容することはできなくても、芸能界やメディアのほとんどすべての人が〝それでもジャニーさんには演出

家としての才能はあった〟と認めるでしょう。才能がある人に〝才能を認められた〟のが井ノ原くんなのです」（同前）

9月7日に行われた故ジャニー喜多川氏による性加害問題をめぐる記者会見でも、株を上げたのは東山紀之新社長でも藤島ジュリー景子前社長でもなく、どんな質問も上手く拾い、テレビの前の視聴者にも懐の深い誠実さが伝わった井ノ原快彦ジャニーズアイランド社社長だったのではないだろうか。

性加害について、被害を受けた人が相談できない『得体の知れない、触れてはいけない空気があった』と自分の経験を語り、また自らが株式会社ジャニーズアイランド社の社長であることについても、『僕は性加害はしないけど、権力を持ってしまうかもしれない。気をつけている』などと、自分の立ち位置を明確に表現していた。

井ノ原のわかりやすい言葉と表現、表情の強弱に対して、一方で〝煮え切らない〟印象の東山新社長は、その存在すら邪魔に感じさせたほど。

井ノ原快彦とジャニーズアイランド社の管轄はジャニーズJr.である。何よりも井ノ原快彦の言葉からは「保護者を心配させたくない」気持ちも伝わってきた。

それは井ノ原が一男一女の父であることも関係しているのかもしれない。

『兎と亀』の〝亀〟で成功を掴んだ生田斗真

故ジャニー喜多川氏にデビュー選考の全権があった2014年頃までの間に、「何でこのJr.がいつまでもデビューできないんだろう？ こんなに露出があるのに……」と、ジャニーズファンにもギョーカイ人にも不思議がられていたメンバーが何人かいる。

その筆頭が、今ではすっかり実力派俳優の道を歩んでいる生田斗真だ。

ファンの皆さんもよく知るプロフィールでは、SMAPファンだった母親が「つき添いでオーディションを受ければSMAPに会えるかも？」と考えたことがきっかけで履歴書を送り、オーディションに合格した11歳からジャニーズJr.としてのキャリアがスタート。入所2ヵ月後から『天才てれびくん』（NHK教育）で〝てれび戦士〟として5年間レギュラー出演を務め、ウエンツ瑛士、前田亜季ら仲間のてれび戦士とともに人気を博した――ことになっているが、例によってこれはアレンジされたプロフィール。本当は〝先に〟『天才てれびくん』のオーディションに合格し、故ジャニー喜多川氏にスカウトされた組なのだ。

「ファンの皆さんもジャニーズJr.入り数年後以降、つまり成人してからの斗真くんの扱いを見ていると、とても〝スペオキだったようには見えない〟と仰る方も多いでしょうが、スペオキじゃなければ、あれほど率先してドラマ出演を重ねられない。そのあたりは風間俊介くんも似てますが。これは子どもの頃の話になってしまいますが、斗真くんがスペオキからのスタートじゃなければ、『天才てれびくん』に出演しながら2本目のレギュラー番組『中居正広のボクらはみんな生きている』（フジテレビ系）にジャニーズJr.を抜擢することなんてあり得ないし、しかもこちらのオンエアはバリバリのゴールデンタイム（毎週水曜日19時30分～20時00分）。〝スペオキとCDデビュー〟はまた別の話。今回、故ジャニー喜多川氏の性加害が認定された調査の中で被害者として名乗り出た人たちは〝デビューのために我慢した〟と主張されていますが、結果的には彼らの99%がデビューどころかJr.の中でも目立つポジションにも抜擢されていない。つまり故ジャニーさんにとって性加害と仕事は別物だったのと同じように、スペオキとデビューは決して〝イコール〟ではないのです」（日本テレビ関係者）

1997年から1998年の中居正広といえば、キャリア的には『SMAP×SMAP』スタートの翌年で、視聴者の注目が最大限に集まり、MCとしての才能が開花し始めた頃。この頃の中居と共演している経験は「将来必ず活かされるだろう」との判断もされたのだろう。

「そんな斗真くんが最近注目されたのが、例の9月7日の記者会見後でした。会見終了後の当日、自身のInstagramストーリーにメッセージを投稿、それがオレンジ色の背景に『これからも一所懸命頑張ります　宜しくお願いします』――とだけ記されたものでした」（同日本テレビ関係者）

ある意味、どことなく意味深、深い意味が込められているかのような気にさせるこの投稿は「〝一生懸命〟ではなく〝一所懸命〟と書いてあるところに意味があり、斗真くんの〝一所〟はジャニーズ事務所の〝所〟。つまり〝自分はこれからもこの事務所一本で頑張りたい〟の意味」と読み解く向きが多かったようだ。

「斗真くんはグループに入ってCDデビューこそしていませんが、同期入所の山Pこと山下智久くんと2人でB.I.G.Eastを組み、その後はB.I.G.、MAIN、Four Topsと、なかなか人気メンバー揃いのユニットを渡り歩いて……いや、〝渡り歩かされた〟が正しいかもしれませんが、CDデビュー以外は抜擢に次ぐ抜擢。本人は『自分で道を切り開くしかなかった』などと話していたこともありますが、斗真くんの前の道は常に平坦で、何なら歩きやすいように舗装までされていた。故ジャニーさんが亡くなった後、それに気づいたのでは?」（同前）

生田の中では〝MAIN〟に一番デビューの可能性を感じていたようだ。松本潤・相葉雅紀・生田斗真・二宮和也の4人で構成されたMAINはミュージカル『Stand By Me』の出演者で結成され、後に一瞬だけ松本と生田がB.I.G.、相葉と二宮がB.A.D.に分けられたものの、生田以外の3人は電光石火のスピードで嵐へと駆け上っていったのだから、その直感は正しかったのだろう。

2015年1月クールの連続ドラマ『ウロボロス～この愛こそ、正義。』（TBS）での共演をきっかけに女優の清野菜名と交際を始め、5年間もの交際期間を経て2020年6月1日に婚姻届を提出。いかにも男性としての〝誠意〟を感じさせる生田斗真は、清野以外との交際報道やスキャンダルが出たことがない。

「斗真くんが〝一人立ち〟に至った本当のきっかけは2007年7月クールの連続ドラマ『花ざかりの君たちへ～イケメン♂パラダイス～』（フジテレビ）への出演で一般への知名度が高まったことでしょうが、それは用意された数々の仕事と懸命に向き合ったからこそ迎えられた結果。故ジャニーさんのバックアップを無駄にしない実力を蓄えたからこその、当然の結果に違いありません」（同前）

いくらスペオキでも『兎と亀』の亀であり、『蟻とキリギリス』の蟻でなければ、成功を掴むことはできないのだ。

長瀬智也とジャニー喜多川の間にあった〝確執〟の真相

故ジャニー喜多川氏の性加害について、9月半ばあたりからジャニーズ事務所の所属タレント、元所属タレントなどが新聞、雑誌、インターネットなどのメディアから意見を求められることが増えた。

中には元所属タレントの近藤真彦のように、思わせぶりに「そのうち話す機会がある」などと発する者もいるが、正直に言って意図的にミスリードしようとするメディアも間違いなく存在し、元ＴＯＫＩＯ・長瀬智也は性加害とは関係のない過去の発言を掘り起こされ、そこに扇情的なタイトルを付けて発信された。

「長瀬くんは2020年7月に〝2021年4月1日をもってジャニーズ事務所を退所する〟と発表。また退所後は裏方としてゼロから新しい仕事の形を創り上げていくとの意向を示し、さらにファンを驚かせました」（フジテレビスタッフ）

その宣言通り、2021年3月31日付でＴＯＫＩＯを脱退、同時にジャニーズ事務所からも退所した長瀬智也。

1991年、年間1万通は送られて来る履歴書の中から、たった1通だけピックアップされたのは有名な話で、そんな長瀬もスペオキ以外の何者でもない。

「長瀬くんは成長が早く、入所時点で第二次性徴を迎えていたのでジャニーさんをガッカリさせた……なんて逸話もありますが、ジャニーさんが亡くなった2019年7月、長瀬くんはジャニーさんを〝最高〟と称えながら『ジャニーさんはカッコ良すぎるのでたぶん地獄行きです。僕も地獄を目指している男なのでまた地獄で会いましょう』――というメッセージで追悼。その独特の表現は賛否両論で、二人の間に〝地獄〟に例えられるような確執があったのでは?……と勘繰られました」(同フジテレビスタッフ)

この発言の『ジャニーさんは地獄行き』の部分を取り上げ、性加害を非難していたのでは? ――とするのがメディアの質の悪さだ。

確かに長瀬と故ジャニー喜多川氏は、とある映画への出演に際して意見が対立。しかしその程度で確執は生まれまい。

「その映画は2016年に公開された『TOO YOUNG TO DIE! 若くして死ぬ』で、長瀬くんとは縁の深い宮藤官九郎氏の監督作品。さらにこちらも2001年『ムコ殿』パート1で共演している縁の深い神木隆之介くんとのW主演作だったので、長瀬くんは喜んで出演をOKしました」(同前)

企画・プロデュースには藤島ジュリー景子（当時）副社長も入っていたのだが、故ジャニー氏は劇中で長瀬がロックバンド・地獄図（ヘルズ）のメンバー・キラーKとして登場し、実際に〝地獄メイク〟でギター&ボーカルを担当したことが気に入らなかったようだ。

「長瀬くんとしては、理解のあるジャニーさんはキラーKの地獄メイクや衣裳を〝面白い〟と評してくれるものと思い込んでいた。ところが故ジャニーさんは〝汚い〟と美意識にそぐわなかった。最後まで平行線のまま、ジュリーさんと長瀬くんは出演を強行。このときの食い違いをメッセージでも『ジャニーさんは地獄行き。また地獄で会いましょう』と表現していたのです」（同前）

確かに今思えば〝不用意な発言〟ではあるが、故ジャニー氏の性加害に当てはめるのは違うのではないか。

「長瀬くんは2023年2月に幼馴染が手がけるアパレルブランドの14周年記念ライブにKODE TALKERSのバンド名で出演し、オリジナル曲を演奏しています。このとき、今後の音源のリリースを示唆する発言をして、実際6月6日には1stアルバム『Kode Talkers』を発表しています」（同前）

この性加害問題にジャニーズ事務所が（ある程度の）決着をつけた後、TOBEなのか新しい地図なのか、仁義なき〝長瀬智也争奪戦〟が始まる予感しかしない。

亀梨和也を苦しめるジャニー喜多川が遺した〝負の遺産〟

この夏、20万人を動員したジャニーズJr.単独ドームコンサート『ALL Johnnys' Jr. 2023 わっしょいCAMP! in Dome』（7月16日／17日 大阪・京セラドーム大阪 8月19日／20日 東京・東京ドーム）。

「生前のジャニー喜多川氏は年齢が80代半ばになるまで、Jr.コンサートの演出だけは他の人間に譲らなかった。CDデビューした先輩たちは早ければデビュー2年目ぐらいからメンバー自身に構成や演出を任せていましたが、さすがにJr.の間に明確な立場をつけさせたくなかったのでしょうね。ただし滝沢秀明氏が〝来年から裏方に回る〟と表明した2018年は、関西ジャニーズJr.も藤島ジュリー景子氏に任せた後で、そのジュリー氏は大倉忠義くんを筆頭に関ジャニ∞のメンバーに関西Jr.のプロデュースに関わらせるようになりました。滝沢秀明氏は2022年10月いっぱいでジャニーズグループから離れましたが、ジャニーズアイランド社長の後任に収まった井ノ原快彦氏は、昨年のカウコンの演出を松本潤くんに任せるなど、今後は〝松潤ブランド〟を作り上げていくと思っていました」（人気放送作家）

ところが今年、2020年8月8日ぶりに開催され、さらに規模（ライブ回数）も単純に4倍に膨れ上がったジャニーズJr.単独ドームコンサートの構成・演出を務めたのは、なんとKAT-TUNの亀梨和也だった。

「別に亀梨くんが役不足などと言う気はありませんし、KAT-TUNコンサートでは彼が演出を務めている。でも先輩の松本潤くんから後輩の亀梨くんにスライドする間隔がいかにも短い。そこで僕の友人ディレクターが井ノ原氏に尋ねてみたところ、『今のJr.メンバーが〝最も憧れている〟のは亀梨くんで、2位が山田涼介くん。松本くんは10位には入るものの結構下で、ならば1位の亀梨くんに任せてみたかった』――と、明かしてくれたそうです。それに亀梨くんは大倉忠義くんと〝同学年〟で、東西のJr.を『あの世代に任せてみたくなった』という理由もあったそうです」（同人気放送作家）

KAT-TUNも管轄でいえば藤島ジュリー景子氏で、「ジュリー氏の了承を得やすかったこともあるのでは？」と、この人気放送作家氏は話してくれた。

さて1998年、中学1年生でジャニーズJr.入りした亀梨和也の同期は、赤西仁、中丸雄一、増田貴久、藤ヶ谷太輔、塚田僚一、越岡裕貴らのメンバー。数年後、実質的な人気ではわずかに赤西が上回っていたが、二人とも故ジャニー喜多川氏のスペオキで、あの〝剛健〟以来の〝赤亀〟として故ジャニー氏は〝セット売り〟で世に出していった。亀梨和也はともかく赤西仁までスペオキの範疇に入るとは思わなかったが、KAT‐TUNのCDデビュー直後のアメリカ留学や休業、そして脱退と、赤西には（世間から見て）好き勝手な行動や振る舞いが許されたのだから、それも〝スペオキゆえに〟と言われれば納得がいく。

「ジャニーさんは特に亀梨くんの目が好きだったそうで、『あの目は天下を獲れる』と話していたとか。そして『その〝目の魅力〟を芝居で示すように』と、次から次にドラマに押し込んでいったと聞いています」（同前）

役者としての評価も高い亀梨和也だが、ある一本の主演作の存在が波紋を呼んでいると聞く。

それが2023年12月1日に公開される『怪物の木こり』だ。

2019年の第17回『このミステリーがすごい！』大賞を受賞した倉井眉介による小説を、主演・亀梨和也、監督・三池崇史で映像化したサイコスリラー。『怪物の木こり』という絵本に出てくる怪物の仮面を被った犯人が、斧で相手の頭を割り、脳を奪い去る連続猟奇殺人事件が発生。犯人は次のターゲットに弁護士の二宮彰（亀梨和也）を定めるが、この二宮の本性は犯人をも上回る冷血非情なサイコパス。犯人はなぜ脳を奪い、なぜ二宮を標的にしたのか？

本作が第36回東京国際映画祭のラインナップにエントリーされているのだが、故ジャニー喜多川氏の性加害問題について、映画祭側も態度を表明せざるを得なかった。

『性加害の問題であるとか人権の問題であるとか、そういう部分について、私もセンシティブに真剣に向き合っていきたいという風に考えておりまして、幅広い意味でも人権を侵すようなことは断固として許されるべきではないと考えております。他方でここで上演される映画でもですね、出演される方々の問題もございまして、これについては、皆さま方の活動の場を失うというようなことになってはいけないと思っておりまして、いずれにしましても今いろいろと社会でまだ調査も進んでおりますし、それに対する対処の仕方についても社会全体として各方面で議論し、かつ措置が行われている最中でございますので、私たちとしてもこれを非常に真剣に注視していきたいというふうに思っております』（第36回東京国際映画祭・安藤裕康チェアマン）

ジャニーズ事務所の名前こそ出さなかったが、今回の主要ラインナップでジャニーズタレントが主役級で出演しているのは、この『怪物の木こり』だけ。

まさに城島茂が語った「ジャニーさんの遺したとんでもない遺産」がタレントたちを苦しめている。

第7章

これからのジャニーズ

民放各局がアンチジャニーズに転じた〝本当の理由〟

イギリスBBCの告発番組の製作、国連人権委員会による調査、第三者チームによる検証と提言で、故ジャニー喜多川氏の性加害、並びに元ジャニーズJr.の性被害をジャニーズ事務所が全面的に認め、社長の交代、新事務所による再出発その他がバタバタと決められていったとしても、この数十年、古くは1980年代からのジャニーズ事務所と各民放キー局の蜜月ぶりを考えると、感覚的には一夜にして手のひらを返すアンチジャニーズに転じた〝本当の理由〟が今一つよくわからない。

「多くの関係者はナショナルスポンサーが反ジャニーズの色を鮮明にし、タレントの降板や契約更新の無効を打ち出したことで、スポンサーがいなければ経営が成り立たない民放各局が右へならえの立場を取ったため――としています。もちろんそれもいくつかある理由の一つでしょうが、9月下旬になっても電通、博報堂といった、スポンサーよりも力を持っている超大手広告代理店がどちらか寄りの立場を表明したわけでもないし、これまではトラブルが起こるたび、嵐が過ぎるまでひたすら知らんぷりを決め込むのが民放各局のやり方。その他、世の陰謀論者たちが〝保守政党をバックに持つジャニーズvs左派政党にステージが移った〟や〝川崎（市）のコリアンタウン出身を自著でカミングアウトしている東山紀之新社長は、立場が韓国・北朝鮮寄りなので故ジャニー喜多川氏を貶めることを平気で言えた〟〝当事者の会のバックには左派の活動家がついている〟……などとネガティブな噂を流していますが、実際にはもっと単純な理由ですよ。ハッキリ言って民放各局の現場から、直接ジャニーさんと関わりのあったテレビ局員や外部スタッフが定年や高齢を理由に追い出され、ジャニーズを庇う〝重石〟がなくなったのです。重石がなくなれば下の者は遠慮なくジャニーズを叩ける。これまでその重石から一方的に言うことを聞かされてきた鬱憤も溜まってますからね」

（日本テレビスタッフ）

ここまで読み進めてくださった読者の皆さんは、証言者の多くに〝ベテラン〟〝元〟などの肩書きがついていることにお気づきだろう。

そう、故ジャニー喜多川氏とステージや舞台、テレビ番組の収録等で時間を共有し、その現場で故ジャニー氏の演出家としての才能に触れ、魅了されたスタッフや関係者たち。直接的にジャニー氏と言葉を交わし、発想やアイデアに感服させられた〝故ジャニー氏サイド〟のスタッフたちは、そのほとんどが1980年代から2000年ぐらいまでに〝現場の中心〟にいた人物たち。おおよそ

1950年前後から1960年前後の生まれで、故ジャニー氏が現場から現場を飛び回っていた時代、同じように脂が乗っていたスタッフたちなのだ。

そんな彼らはすでに全員が60代よりも年上になっている。

「ほんの数年前までは、まだその世代の人たちが現場で〝デカい顔〟や〝先輩面〟をしていたので、下の者たちは言われたことに従うしかなかった。しかし今はその重石が現場から姿を消したので、単なるOBでしかない。何か指示してきても言うことを聞く必要はないし、今の現場で上の立場にいる人たちは〝ジャニーさんの伝説は知ってはいても、直接会ったことがない〟人ばかりで、故ジャニーさんに対する〝畏敬の念〟も持ち合わせていない。それどころかジャニーズ事務所の名前を笠に高圧的な態度を取り続けた藤島ジュリー景子氏に、いつか意趣返しをするチャンスを窺っていたほど。そんな連中が上にいたら、弱ったチャンスにアンチジャニーズに回るのも当然でしょう」

（同日本テレビスタッフ）

要するに今は過去の〝報い〟を受けているのだが、新生（元）ジャニーズの面々は、新たにスタートを切ったとしても全面的に〝マイナスからのスタート〟になることは覚悟しなければならない。

〝辞めジャニ組〟TOBEの可能性

これまでに三宅健、平野紫耀、神宮寺勇太、IMP.(元IMPACTors)、北山宏光の所属をYouTubeチャンネルで発表し、彼ら以外でも元ジャニーズJr.・大東立樹も所属している『TOBE』。
「今後、この9月末にジャニーズ事務所を退所する岸優太の合流が確実視されていますが、その他にも芸能界から引退した長瀬智也、Kis-My-Ft2の中でも〝北山派〟だった玉森裕太と宮田俊哉、舞台『DREAM BOYS』への出演を直前で病気(を理由に)降板したジャニーズJr.(少年忍者)・織山尚大らの合流も噂されています」(人気放送作家)
一時期、King & Princeを最初に辞めた岩橋玄樹や、ジャニーズ時代に滝沢秀明氏の舎弟的な存在だった赤西仁、山下智久の合流も噂されたが、いずれもジャニーズを退所した後に個人的にバックアップしてくれていた関係者がいるので、TOBEへの合流は難しいようだ。
「特に最も期待されていた岩橋玄樹くんは合流を断念した証拠というか、両腕にかなり目立つタトゥーを入れています。滝沢くんがそんな岩橋くんを快く受け入れるとは思えません。じゃあ、タトゥーを入れている長瀬智也くん合流の噂が消えないのは？……と言われますが、長瀬くんはＴＯＫＩＯ時代からタトゥーを入れていましたし、年齢も40代。20代の岩橋くんとは、置かれている環境が少し違います」（同人気放送作家）

そして9月下旬にA.B.C.-Zからの脱退を表明した河合郁人だが、本人は「ここでジャニーズを辞めると逃げ出したようで嫌だ」と話してはいるが、彼はアイドルではなくMCをメインにしたマルチタレントを目指していて、正直、MC枠は今のところ〝空きがない〟のが現状、焦ってジャニーズまで辞める必要もない。ただ何かにつけて滝沢秀明氏の名前を出して「最も尊敬している先輩」「超仲がいい」との発言を連発しているので、半年後、1年後の合流を見越していてもおかしくはない。

「そんな河合くんにすぐに連絡を入れ、〝ウチの事務所に入らへんか？〟と声をかけているのが、さらば青春の光・森田哲矢です。さらば青春の光が所属する個人事務所のザ・森東がこの10月で設立10周年を迎えるので、『華を添えてくれへんか？』などと積極的に誘いをかけているそうですよ」（同前）

河合と森田は番組共演をきっかけに連絡を取り合う関係になったとか。

ところで、次から次に元所属タレントがＴＯＢＥに合流することを、ジャニーズ事務所側はどう思っているのか？

……だが実は元所属タレントではなく、元名物社員の合流に神経を尖らせていると聞く。

「それがジャニーズのファンクラブを運営するジャニーズファミリークラブの重鎮、元ベテランスタッフのT子さんの合流です。数年前にジャニーズを退社していたT子さんに、合流組のファンクラブ開設に伴い、滝沢秀明氏が〝力を貸して欲しい〟と声をかけた。とっくに辞めている社員なので、ジャニーズに義理を通す必要もない。T子さんはコンサートやイベント、番組収録などファミリークラブが関係する現場ではおなじみの存在で、いつも拡声器を手にファンを誘導していました。数年前までにジャニーズの現場に参加したことがあるファンの皆さんであれば、必ずT子さんの〝（渋谷ハチ公前交番の）DJポリス〟に負けないユニークな声かけと誘導を受けたことがあるハズ。ファンクラブのすべてを知るT子さんの退所を引き留めなかったのは、〝自分よりも年上の社員はいらない〟主義の藤島ジュリー景子氏。しかしTOBEに合流するとなれば、ファンクラブのノウハウがすべて流出してしまいかねないことに、今さらながら重大な危機感を抱いているそうです」（同前）

なお、ご存知の読者の方もいらっしゃるかもしれないが、ある意味ではT子さん以上の名物社員、元振付師のサンチェ氏（設立の個人事務所）ともTOBEは提携が決まっているという。そこにT子さんまで加わるとなると、ファミリークラブどころかジャニーズのすべてが流出したも同然だろう。

「サンチェ氏がＴＯＢＥに合流となると、やはり衝撃は大きい。おそらくサンチェ氏はジャニーズJr.を指導したときと同じ要領で、滝沢秀明氏がオーディションで選抜した新人メンバーの指導にあたるのでしょう。現時点では〝廉価版ジャニーズ〟などと揶揄されるＴＯＢＥですが、今後もしジャニーズ事務所の消滅ともなれば、本家以上の存在感を見せてくれるのでは？」（同前）

サンチェ氏は故ジャニー喜多川氏の右腕であり、滝沢秀明氏がジャニーズアイランド社長に就任してからは、間違いなく両輪として故ジャニー喜多川氏を支えた関係。そしてそんな二人とファンクラブの実務を仕切るT子氏。

同じ〝辞めジャニ〟組の新しい地図には申し訳ないが、ＴＯＢＥが男性アイドル専門事務所の頂点に立つ可能性が高いのではないだろうか。

押し寄せる〝CM契約解除〟のうねり

故ジャニー喜多川氏の性加害をジャニーズ事務所が認めた途端、所属タレントが出演するCMが日本のメディアから姿を消そうとしている。

「このうねりのきっかけを作ったのは、相葉雅紀くんがCM出演する東京海上日動火災保険です。あの9月7日の記者会見が生中継された数時間後には、〝今後ジャニーズ事務所の所属タレントとのCM契約を更新しない、満期前に契約解除することも検討している〟と発表しています。理由としては〝いかなる形態のハラスメントも認めない、会社の人権方針に適さないと判断した〟とのことですが、あまりの対応の早さに、すでに第三者チームによる検証と提言が発表された8月29日からジャニーズが性加害を認めるパターン、徹底的に争うパターンに分けて、着々と準備していたと聞いています。それもこれも結局、ジャニーズ側がオフィシャルに性加害を認めたからです。しかし仮に9月7日の記者会見でジャニーズ側が争う姿勢を見せたからといって、問題が大きくなっている以上、〝ジャニーズは無傷では済まなかっただろう〟との見方が大半ですが」（フジテレビ営業局局員）

さらに〝相葉雅紀つながり〟といっては申し訳ないが、メンバーの顔をペイントした特別塗装機〝JAL嵐JET〟をはじめ、国内線のCMキャラクター、嵐の結成20周年を記念した20th ARASHI THANKS JETまで2010年から2019年までの間〝嵐JET〟6シリーズを運航させてきたJALこと日本航空でさえ、すぐさまジャニーズ事務所の所属タレントを広告に起用することを当面見送ると発表。さらに木村拓哉がCM出演中の日本マクドナルド、松本潤が出演している第一三共ヘルスケア。その他、伊藤ハム、アサヒグループホールディングスといった大手クライアントが続々と追従した。中でも飲料・食品大手のアサヒグループホールディングスのCMには、スーパードライ生ジョッキ缶に岡田准一と生田斗真、クリアアサヒにYouTubeユニット・ジャにのちゃんねるの二宮和也、中丸雄一、山田涼介、菊池風磨、三ツ矢サイダーに櫻井翔、相葉雅紀、美 少年。アサヒグループ食品のミンティアにはSnowManと、グループ全体とはいえ最も多くのタレントが起用されていて、現行の契約満了をもって契約を解除し、延長の交渉はしない決断をしたと発表した。

JALはすでにBBCが故ジャニー喜多川氏の特集番組『J-POPの捕食者　秘められたスキャンダル』をオンエアした時点でジャニーズタレントを起用したCMの放送を見送っていたので想定内だが、10組ものタレントが出演していたアサヒグループホールディングスの判断はジャニーズ事務所サイドにとっては痛いだろう。

「さらに9月7日の会見後から始まったCM降板ドミノで最も大きな衝撃は、サントリーホールディングスの新浪剛史社長が9月16日付の朝日新聞インタビュー記事の中で〝今後数カ月の間に事務所の体制が改善されなければ、所属タレントが出演する番組のスポンサーを降りる可能性があり得る〟と発言したことです。サントリーのCMだけに限れば、オールフリーのCMにSixTONESの松村北斗くんが起用されているのみですが、新浪社長はすでに9月12日に〝経済同友会〟代表幹事の立場でジャニーズ事務所の対応を〝真摯に反省しているのか大いに疑問だ〟と猛批判。CMスポンサー企業に対しても〝毅然とした態度をとるべきだ〟と促していました。その経済同友会代表幹事の発言は重く、一気に他の企業もCM起用の打ち切りや契約継続の取りやめなど雪崩を打つように追随。今回はさらにテレビ番組からの〝スポンサー降板〟を盾に、テレビ界全体に影響力を発揮しようとしています」(同フジテレビ営業局局員)

これに対して経団連の十倉会長が「大前提として人格侵害は断じて許されるものではありません。これはある種の児童虐待・犯罪行為であり、そういうことが許されることはあってはならない」としたうえで、「人権侵害、犯罪は断じて許さないと企業の基本姿勢を内外に示すことは大変重要だと思います。ただ、このジャニーズのタレントの人たちはある意味被害者であって加害者ではありません。日々研鑽を積んでいる人の機会を長きにわたって奪うということはまた問題もあると思います」と、ある種〝庇う〟ような発言をしたことでSNS上が荒れる。さらに先ほど少し触れているが、大企業が集まった経団連という団体が故ジャニー喜多川氏の問題に触れたことで、改めて陰謀論者たちが騒ぎ立てる。

これはあくまでも個人的な意見だが、ジャニーズ事務所のタレントが出演するCMが中止、契約が更新されないのは仕方がないしその対応を批判するつもりもないが、一丁噛みで自分たちの存在を際立たせようとする姿はあまり格好の良いものではない。経団連に加入している大企業、経済同友会に参加している経営者たちの会社がスポンサーの立場を笠に着て、坂道シリーズや48グループのメンバーを集めた〝クローズド〟なパーティー（※○○周年記念など）を何度も開催していることは、追っかけファンの潜入や証言で明らかになっている。

「僕もテレビ局の営業の立場で言わせてもらえば、経営者や政治家先生など、女性アイドルや女優をアテンドしてもらい、食事や飲みに連れ出すなんて日常茶飯事のハズ。故ジャニーさんの性加害を肯定する気はまったくありませんが、この問題が大きくなればなるほど〝自分に飛び火してくるかも？〟……と、気が気じゃない大人は山ほどいる」（同前）

故ジャニー喜多川氏の性加害問題をきっかけに、今後さらに各方面に騒動が広がる可能性もあるかもしれない。

ジャニーズ復活の可能性
――ジャニーズWEST・中間淳太の高い意識と覚悟

毎週土曜日、関西ローカルながら〝アツい番組〟として全国のテレビ通が注目しているニュース情報番組が、東野幸治がメインMCを務める『教えて!ニュースライブ 正義のミカタ』(ABC※大阪・朝日放送テレビ)。2014年4月クールからスタートし、2024年の春には10周年を迎えるこの生放送番組に、中間淳太は放送開始当初から〝パネリスト〟としてレギュラー出演している。

「関西学院大学卒業、日本語、英語、中国語を操るトリリンガルの中間くんですが、この番組にレギュラー出演を続けているお陰で、関西地方では関西ジャニーズを代表する〝インテリ〟に見られていいます」(在阪放送作家)

旧・大阪市立大学(現・大阪公立大学)出身の福本大晴(Aぇ!group/関西ジャニーズJr.)も関西きってのインテリメンバーとして関西ローカルのニュース情報番組、ワイドショーに出演しているが、この『正義のミカタ』は一癖も二癖もある番組として視聴者に知られていて、二人は上手く棲み分けができている。関西では〝ウルサ型〟として知られるお笑い芸人のほんこん（130R）でさえ「中間くんはよう勉強しとる。努力家や」と感心するほど、関西での中間はアイドルの枠を超えて独自のポジションを築いているのだ。

「それが全国的に広がっていけば、中間くんはさらなる独自ポジションを開拓できるんですけどね。『正義のミカタ』の中間くんを知っている身としては少しもどかしい。ちなみにジャニーズWESTのデビューは2014年4月23日なので、中間くんは番組とともに成長してきたと言っても過言ではありません」（同在阪放送作家）

そんな『正義のミカタ』で、中間に関する〝異変〟が起こったのは、9月のシルバーウィークの後半、9月23日の生放送だった。

「出演者の名前やプロフィール等が画面に表示されるテロップから、「ジャニーズWEST」の名前が消えていたんです。アイドルグループ等に所属する出演者はそれなりに個人の名前が浸透していても、よほどの売れっ子やベテランにならない限り、名前の後ろに括弧つきでグループ名も表示される。ところが9月23日の中間くんには〝（ジャニーズWEST）〟の表示がなくなっていました」（同前）

今しがたお話しした通り、この日はシルバーウィーク最後の連休初日で〝秋分の日〟。普段のオンエアよりも視聴世帯や視聴者数も多いはずで、この日から「ジャニーズWEST」の名前が消えるとインパクトも大きい。

「実際、ジャニーズ事務所が故ジャニー喜多川氏の性加害を認めた記者会見後に生放送された9月9日放送分、16日放送分には〝中間淳太(ジャニーズWEST)〟と表示されていましたし、また中間くんがテロップから〝ジャニーズWEST〟のグループ名が消えたことについての説明、東野幸治さんのツッコミもなかったので、すぐさまSNSで騒ぎになりました。まぁでも『正義のミカタ』がニュース情報番組である以上、ジャニーズ絡みのネタに斬り込んでもいくでしょう。そんなとき、〝ジャニーズWEST〟の肩書きが中間くんの邪魔になるのも事実」(同前)

ファンの多くは〝仕方がない〟と認めながらも、(当時の)公式サイトの肩書きはまだジャニーズWESTのままなのに、先に出演番組がグループ名を消すのはひどいのでは?――との怒りの声も目立った。しかし中間自身は、9月7日の記者会見で「ジャニーズ事務所という社名は変更しない」と事務所側が回答、バッシングに繋がったことに対し、記者会見後の生出演で――

『世間一般の目で見ても〝ジャニーズ〟の名前を続けるのはおかしいことだと僕もわかっています。なので僕も変えるべきだと思っていますし、〝ジャニーズWEST〟の名前がなくなることも覚悟できています』

――と発言していたので、今回の出来事は中間から申し出た可能性も高い。

「グループではなく、あくまでも単独でのソロ出演なので、〝ジャニーズWEST〟〝関ジャニ∞〟のようなグループ名は、タレントや事務所側から〝外して欲しい〟と申し出たのでは？　さすがに（2回目の記者会見前日の）10月1日まではテレビ局側からそんな対応はしないでしょう」（同前）

中間からの申し出だとすれば、口だけではなく態度や行動でも〝覚悟〟を見せてくれたということだろう。

一方、同じジャニーズWESTの重岡大毅がレギュラー出演するカンテレ（関西テレビ）のバラエティ番組『モモコのOH！ソレ！み～よ！』では、9月23日に番組のリニューアルしたポスタービジュアルを公開。

しかしそこには「重岡大毅（ジャニーズWEST）」の記載が。

「ポスターは印刷物ですから、生放送のテロップのように当日でも変更できるシロモノではありません。〝ジャニーズWEST〟とあるのも仕方がないでしょう」（同前）

もちろん、肩書から〝ジャニーズ〟を消したからといって、今回の問題が解決するわけではない。

しかし中間淳太のように〝意識が高い〟メンバー、タレントたちがこれからの事務所を引っ張っていく中心になれば、時間はかかるかもしれないが、〝一新されたジャニーズ〟として、再び広く大衆に受け入れられる存在になることも可能ではないだろうか。

ジャニーズ再建――ジュリー氏が新社長を任せたかった人物

2016年1月、ファンの皆さんにはいまだに大きなトラウマになっているであろうと思われる騒動が、SMAPによる〝生放送（フジテレビ系『SMAP×SMAP』）公開謝罪〟である。

一部週刊誌によるSMAP独立報道に端を発し、大きな波紋のように広がっていく大騒動。SNS上ではSMAPの独立、解散を阻止するためにファン有志を中心にCDの購買運動（『世界に一つだけの花』）が展開され、2003年に発売された同曲のシングルCDは2016年2月1日付の同ランキングで12年ぶりに週間TOP10入りし、平成に発売された作品では初となるトリプルミリオンを達成したが、同2016年12月31日をもってSMAPは解散するに至ってしまった、あの騒動だ。

「騒動が勃発してすぐの2016年1月18日、冠番組『SMAP×SMAP』の一部が生放送に変更され、メンバー5人が騒動に対する〝詫び〟を入れました。そのとき、草彅剛が『ジャニーさんに謝る機会を木村くんが作ってくれて、いま僕らはここに立てています。5人でここに集まれたことを安心しています』――と発言。しかしこのセリフが〝やはりメンバーは1（木村）対4（中居・稲垣・

草彅・香取）に分かれていたのか？〟という印象を、より強く視聴者やテレビ界、芸能界に植えつけてしまいました」（人気放送作家）

さらに生放送終了後にメンバーはバラバラで車に乗り込み、東山紀之がセッティングした麻布十番の高級中華料理店に向かう。

そこに待ち受けていたのはTOKIO、V6、KinKi Kidsら、SMAPと縁が深い後輩たち。5人はここでもまた、後輩たちに騒動を詫びる。

そしてあれから7年半、灼熱の熱帯夜が続く2023年8月下旬のある夜、東山紀之は再び後輩たちを集めて食事会をセッティングする。しかし今回は自分で自分のために。

そしてSMAPからは、唯一ジャニーズ事務所に残る木村拓哉だけが参加していた。

「形としては東山さんが『第三者チームの会見があった後、ジャニーズ事務所としても記者会見を開く、そしてその席で自分（東山）が新社長になる体制を発表する』――と、後輩たちに決意表明した場のようです」（同人気放送作家）

9月5日に社長に就任した東山だったが、実は8月29日に開かれた第三者チームの調査報告、提言の前に、すでにジャニーズ事務所の新社長に就任することを後輩たちに知らせていたのだ。

「会見でも東山さんは『(社長になる)覚悟を持っているという話をしました。(後輩たちは)驚いてはいました。ただその覚悟も感じていただき、皆の同意もある程度いただけたと思いました』と話していましたが、一足早く滝沢秀明前社長の後を継いでジャニーズアイランド社の社長に就いていた井ノ原快彦さんも『ビックリしたのは引退されるということ。東山さんの背中を見て育ちましたので、辞めないで欲しい思いはありましたが、そこまでの覚悟を持っているのであれば皆で力を合わせましょう、ということです』と、バックアップを約束していました」(同前)

この食事会に木村拓哉も呼ばれていたことで、一部週刊誌が「ヒガシは自分の次の社長にキムタクを考えている」などと報じたが、逆にそのことで〝キムタク社長の目はなくなった〟とする関係者は多い。

「正直に言って今の東山さんには自分の後継者を指名する、あるいは育てる余裕など1ミリもなく、どうしたら世間のバッシングを交わし、新しい事務所を軌道に乗せるか――しかないでしょう。それにこれは本気かどうかはわかりませんが、食事会の席で『お前ら二人の共同経営でどうだ?』――などと、KinKi Kidsの二人に声をかけていたとも」(同前)

そんな東山の言動を忸怩たる思いで見つめていたのは、実は藤島ジュリー景子氏だったという。

「9月7日、ジャニーズ事務所側の最初の会見では、いかにもヒガシが満場一致で社長に推されたかのような雰囲気でしたが、ジュリーさんが社長を任せたかったのは、本当はTOKIO・国分太一くん。残念ながら『僕より先輩方がまだいらっしゃる（※東山紀之、内海光司、佐藤アツヒロ、木村拓哉、城島茂、長野博など）ので、僕には無理です』――と断られたそうですが」

――とは、ジャニーズ事務所の内情に詳しいフジテレビ・プロデューサー氏。

「私も会見前にヒガシ社長のことを聞いていましたが、これまで〝プレイヤー〟一筋で、本格的なプロデュースも数えるほどしか手掛けていない。世間のイメージよりも後輩たちとの関わりはずっと少ないし、すぐに切り捨てる冷酷な性格ですよ。いい意味でも悪い意味でも、亡くなったジャニーさんはタレントに対してとても親身だった。ヒガシの性格とは正反対」（同フジテレビ・プロデューサー）

その冷淡さは、記者会見で故ジャニー喜多川氏を〝こき下ろす〟発言からも垣間見えるかもしれない。

「それに対し、太一くんは周りに気を遣い、親身になれる人。性格だけでいえばイノッチも適任ですが、イノッチのカードはタッキーの後任で切ってしまっていますからね」（同前）

国分太一はすでに株式会社TOKIOの取締役副社長で、関連会社・株式会社TOKIO-BA社長にも就任している。この関連会社社長に就任したのが2022年なので、藤島ジュリー景子氏の信頼と信任がなければ就けないポジションだ。

「太一くんは他人に対して親身になれる人ではありますが、自分の〝欲〟に対しては淡白な人。これからもノンビリとTOKIOを続けられればいい人なので、年齢（49才）を考えても（ジャニーズ事務所のトップに立てる）最初で最後のチャンスだったかもしれません」（同前）

確かにプロデューサー氏の言う通りだろう。

私も個人的な意見を述べさせていただけるならば、国分太一ならば〝再建〟を任せられたのではないかと思う。

そして、このエピソードはもう少し、エピローグでも触れてみたい——。

エピローグ

さて本文中の最後のセンテンスでも触れているが、東山紀之ジャニーズ事務所（3代目）社長は、自分の後継者には『木村拓哉』を考えていると聞いている。

現在57才の東山紀之にとって、いくら2023年いっぱいでタレントを引退するとはいえ、先頭に立って新生ジャニーズ事務所を牽引する時間はそれほど多く残されてはいない。

そうなると後継候補の筆頭は、ジャニーズJr.を統括する井ノ原快彦ジャニーズアイランド社長（現在47才）か、3代目社長人事で藤島ジュリー景子前社長と白波瀬傑前副社長が推した株式会社TOKIO副社長・株式会社TOKIO－BA社長の国分太一（現在49才）が妥当なところだが、なぜか東山新社長は、この11月13日で51才の誕生日を迎える（3人の中では）年長の木村拓哉を後継候補筆頭に考えているというではないか。

「確かに木村くんの上には11月17日で53才になる城島茂くん、現在52才の坂本昌行くん、木村くんと同学年ながら一足先に51才になった長野博くんらがいますが、そもそもこの3人が東山新社長の後継者候補に名前が挙がることはあり得ない。そういう意味では木村くんなら名前が挙がってもおかしくはありませんが、やはり井ノ原くんや国分くんのほうが適性が高いと思いますし、東山さんと同じ〝演出家肌〟の視点からは、嵐の松本潤くん(現在40才)、関ジャニ∞の大倉忠義くん(現在38才)も適任でしょう」(ベテラン放送作家)

特に松本潤は、2024年に迎える嵐CDデビュー25周年で活動再開がなければ「本格的な解散に踏み切る」と言われているので、後継者候補の修行を始めてもおかしくはない。また年齢的にも井ノ原や国分よりもだいぶ余裕がある。

「今後ジャニーズの脅威になるTOBEの滝沢秀明社長が41才(早生まれ)ですからね。アイデアやフットワークでも、太刀打ちできるのは松本くんや大倉くんの世代でしょう」(同ベテラン放送作家)

このように外野はやかましいが、東山新社長が心に決めた後継者候補の本命は木村拓哉で揺るがないと聞こえてくる。

その木村拓哉はジャニーズ事務所側の性加害会見の前後、結構残念な〝やらかし〟をしでかしてしまった。

まずは会見前日の9月6日、自身のＩｎｓｔａｇｒａｍに雲が広がる青空を指さす写真をアップし、

『台風12号の接近で、こんなに青かった空があっという間にグレーに……。皆さん、くれぐれも気をつけてくださいね!』

――と投稿。

さらに、

『そして、今まさにいろいろな声が聞こえてきていますが、自分としては、己とＣｒｅｗを信じて進んでいこうと思っています!』

――と綴ったのだ。

「この投稿に深読みが大好きな一部のファンたちがＳＮＳ上で持論を展開。〝キムタクがインスタで意味深発言〟〝今日を思わせる決意表明〟〝わかる人にはわかるメッセージ。叩かれている人たちがまっすぐ迷いなく進もうとしている〟などと話題になりました」（同前）

しかし木村も投稿はこれだけにしておけばよかったのに、会見当日の9月7日にはオールバックの髪型で敬礼をする自身の写真に、

「『show must go on!』PEACE‼ STAYSAFE!」

――と綴り、ファンの間からも〝三人の会見を台無しにした〟などの批判が上がり、物議を醸す炎上騒動へと発展してしまった。

「今さら説明するまでもなく『show must go on（ショーは続けなければならない）』とは、2019年7月に逝去したジャニー喜多川元社長の〝モットー〟として所属タレントの間で受け継がれてきた言葉で、みんなトークのネタにしているので知らないファンはいません。この投稿の数時間前、記者会見でジャニー喜多川元社長による性加害の事実を正式に認め、謝罪したばかり。そのタイミングでこの言葉を使うことは、性加害を繰り返したジャニー喜多川元社長を容認することと同じ」（同前）

ネット上では即座に「木村拓哉がこのタイミングで発信する意味を理解して欲しかった」「事態の重大さと被害者の心証を何もわかってない」「被害者への配慮が1㎜もない」などの厳しい声が飛び交い、その後、木村はヒッソリとこの投稿を削除している。

投稿を削除すればよいという話ではないが、木村拓哉の名前が後継者候補として取り沙汰されたとき、この一件を理由に資質を問う声が上がることを覚悟せねばなるまい。

東山新社長にとっては、頭の痛い木村の〝不注意〟だったのではないか。

10月2日に行われたジャニーズ事務所2回目の記者会見では、以下のような発表がなされている。

①再発防止策11項目（ジャニーズ事務所ＨＰで発表）
「人権方針の策定及び実施」
「ＣＣＯの招聘及び外部アドバイザリー・ボードの設置」
「内部通報制度の改革」
「ジャニーズJr.の相談先の拡充」など

②ジャニーズ事務所は10月17日に『ＳＭＩＬＥ‐ＵＰ.（スマイルアップ）』社に社名変更し、補償業務のみを行う。補償完了後に解体。（被害の申し出４７８名、補償希望者３２５名　11月から補償開始）
藤島ジュリー景子氏は〝法を超えた補償のため〟に１００％株主で残る。

③新会社の設立
東山紀之社長　井ノ原快彦副社長
残留を希望するタレントと事務所が個別に契約を結ぶエージェント制（若手タレントは通常の契約も）

新会社の名称はファンクラブで公募

④新しいファンクラブの立ち上げ

「実は9月末には真偽不明の噂がいくつか流れてきて、『ジャニーズ事務所は性被害者救済の補償会社と保有株式処分を行う会社としてのみ存続し、東山紀之社長と藤島ジュリー景子氏の二人が残る。そしてタレントやスタッフは木村拓哉を社長、国分太一と外部から招聘した人物を副社長とした新しいマネジメント及び制作会社に移行する、新会社の名称は一般公募とする』という計画が最も信憑性の高いものでした。新会社の社長、副社長の人選は異なりましたが、記者会見までの数日間、二転三転の会議が続いたのでしょう。また会見では欠席した藤島ジュリー景子氏からの手紙を井ノ原快彦が読み上げましたが、内容は終始言い訳に徹しただけでしたね。言い方は悪いのですが、亡くなったジャニーさん、メリーさんに責任を押しつけたイメージしか残りません」（フジテレビ制作マン）

果たして今後、ジャニーズ事務所の行く末は？

いずれにしろ〝新生ジャニーズ〟は『茨の道』への第一歩を踏み出したに過ぎないのだ――。

〔著者プロフィール〕
山瀬 浩（やませ・ひろし）

元テレビ朝日音楽番組プロデューサー。旧社屋に存在していた「ジャニーズ Jr. レッスン室」時代からジャニーズ事務所、ジャニー喜多川氏とは緊密な関係を構築。すべてを知る“前時代のギョーカイ人”。10年近く前に退職後、自戒の日々を過ごしていたと振り返る。現在はジャーナリストとしても活動している。

裸のジャニーズ
—誰も語らなかった“ジャニーズの真実”—

2023年10月20日　第1刷発行

著　者……………山瀬　浩
発行者……………籠宮啓輔
発行所……………太陽出版
東京都文京区本郷3-43-8-101　〒113-0033
電話.03-3814-0471／FAX.03-3814-2366
http://www.taiyoshuppan.net/

デザイン・装丁…宮島和幸（KM-Factory）
印刷・製本………株式会社シナノパブリッシングプレス

ISBN978-4-86723-149-4